コトバのギフト

輝く女性の100名言

A Gift of Words
100 quotes by brilliant women

上野陽子

Ueno Yoko

講談社

Prologue
はじめに

　口にするだけで元気がでる、背中を押してもらえる、ワクワクできる……そんなひとことに出会えたら、人生を支えてくれるパートナーができたようなものです。

　ときにはその言葉に寄りかかり、ときにハッと目覚めさせてもらい、そしてそのひとことが、運命を変えるきっかけになるかもしれません。

　この本では、素敵に生きる女性たちの100の名言を選んでみました。

　世界で活躍するような女性たちは順風満帆で、すべてがうまくいっているように見えるものです。でもじつは、辛酸をなめた時代があったり、自分をふるいたたせたり、幸せでいるための心がけをする姿があるものです。

　それは、私たちとまったく同じ。

　夢を描いては失敗したり、人間関係で落ちこんだり、将来に不安を覚えたり、仕事で悔しがったりしながら、彼女たちもいろんな経験を積み重ねました。

　そんな経験の中から自ら言葉をつぶやいたり、また彼女たち自身もだれかから幸せや成功をもたらす言葉をも

らったりもしているんです。

　本書は今を生きる女性たちの気持ちにあわせて、1章「幸せのカギ」からはじまり、「仕事の刺激に」「背中を押してほしいとき」「疲れちゃったときに」「恋愛と結婚のスパイス」「人生を楽しむために」……など9つの章にわかれています。

　今をときめくモデルやアーティストの成功の秘訣、マザー・テレサの穏やかなひとことに、日本を代表する女優さんたちの粋な言葉、高校生バレリーナの〝好きなこと〟に向きあう姿、オードリー・ヘップバーンからグレース・ケリーまでに愛された衣装デザイナーの人生観に、世界的なアーティストの仕事に取り組む姿勢、第一線で働く女性の対人論、転んでもまた起き上がるスポーツ選手の心持ちに、100歳近い女性の素敵な恋愛観まで……きっと元気をもらえ、励みになる言葉が見つかることと思います。

　今の自分に必要な章から開いて、〝心のサプリ〟となるような言葉を探してみてください。

　一日の気分を高揚させたり、疲れて落ちこんだ気分を癒やしたり、鼓舞したりする言葉に、きっと出会えることと思います。

　私の好きな言葉のひとつに、

Live a little！(人生、楽しまなくちゃ！)

があります。英語のニュアンスは「たまにはいいさ」なんてふう。翻訳も仕事にしている私がいうのもおかしいのですが、むしろ直訳の「ちょっとだけ生きる」が好きで、疲れたときにはこんな言葉で自分を甘やかしてみることもあります。

逆に、アートディレクターの石岡瑛子さんが仕事で差別を受けたときの「そんなことに負けている時間はない」は、悔しい思いをしたとき、めげている自分に言い聞かせて、先に進む力としています。

そして……まだまだたくさんある、みなさんに知っていただきたいひとことを、この本に詰めてみました。素敵に、かわいく、カッコよく生きる女性たちの言葉です。

どうぞみなさんも、自分なりの解釈で、彼女たちからの言葉を受けとってみてください。

この本を手に取ってくださったことに感謝するとともに、大切な読者のみなさまが、自分にピタリとくる〝一生のパートナーとなるような言葉〟に出会うための、お役に立てたらうれしいです。

CONTENTS

Prologue　はじめに ……………………………………………… 001

Chapter 1　幸せのカギ

| № 1 | つらい状況にあるときに ……………………………… 014
| № 2 | 一度しかない人生を楽しむために ……………………… 016
| № 3 | ただなんとなく過ごしてしまう日々に ………………… 018
| № 4 | 他人からの評価が気になるときに ……………………… 020
| № 5 | チャンスに恵まれないと感じるときに ………………… 022
| № 6 | 癒やされ幸せになりたいときに ………………………… 024
| № 7 | パートナーとうまくいかないときに …………………… 026
| № 8 | 忙しくて時間がないときに ……………………………… 028
| № 9 | 流されている自分に嫌気がさしたときに ……………… 030

Chapter 2　仕事の刺激に

| № 10 | チャンスを逃さないために ……………………………… 034

№		
№11	めげそうになったときに	036
№12	グチがこぼれそうになったら	038
№13	できないけれど、ふんばりたいとき	040
№14	わかってもらえないときに	042
№15	成功したい、と思うとき	044
№16	自分らしさを見失いそうなとき	046
№17	キャリアに迷ったら	048
№18	何にも熱中できないときに	050
№19	仕事をしていく覚悟として	052

Chapter 3　成功と失敗に学ぶ

№20	怠け心がでてきたときに	056
№21	人に意見をするときに	058
№22	毎日の積み重ねが苦痛なときに	060
№23	困難にぶつかったときに	062
№24	失敗するのが怖いときに	064
№25	従来の型から抜けだせないときに	066

№		
№26	判断できず迷っているときに	068
№27	逆境に立たされたときに	070
№28	心が頑なになっているときに	072
№29	「ムリだ」と思う前に、もう一工夫	074
№30	謙虚に教わる気持ちがおろそかになったら	076

Chapter 4　背中を押してほしいとき

№31	もっと高みを目指すとき	080
№32	できるかどうか……と考えだしたら	082
№33	迷いを感じたときに	084
№34	もう一歩、踏みだせないときに	086
№35	自分を見失って自信がないときに	088
№36	進む勇気がもてないときに	090
№37	怖気づきそうなときに	092
№38	自信がないときに	094
№39	二の足を踏んでいるときに	096
№40	自分の力がわからないときに	098

№		
№41	自分の存在は必要なのか考えるときに	100
№42	何を信じればいいかわからないときに	102

Chapter 5　友情・人間関係をなめらかに

№43	人前で不機嫌な顔をする前に	106
№44	相手をやりこめるためのコツ	108
№45	身近な人とうまくいかないときに	110
№46	孤独を感じるときに	112
№47	まわりの人にお手本を探すときに	114
№48	信頼関係を支え続けるもの	116
№49	お金に対する意識を考えるときに	118
№50	人を「いいな」と思ったときは	120
№51	ふくれっつらになる前に	122
№52	自分の存在を認めてもらいたいときに	124
№53	つい大口をたたいてしまうとき	126

Chapter 6　疲れちゃったときに

№54	思いどおりに物事が進まないときに	130
№55	失敗が頭にこびりついて離れないときに	132
№56	人生を窮屈に感じるときに	134
№57	自分を甘やかしたいときに	136
№58	泣きたいときには	138
№59	負のスパイラルにはまったときに	140
№60	人生こんなはずじゃなかったな、と思ったときに	142
№61	人生を変えたいなと思ったときに	144
№62	幸せを感じられないときに	146
№63	どうしてこうなってしまったんだろうと思うとき	148
№64	くじけそうなときに	150
№65	自分を見失いそうなときに	152
№66	繰り返される毎日に刺激がほしいときに	154

Chapter 7　きれいとオシャレのコツ

№ 67	美のメンテナンスがめんどうなときに	158
№ 68	何を着たらいいかわからないときに	160
№ 69	セクシーさを演出したいときに	162
№ 70	いつまでも若々しくいるために	164
№ 71	自分の美に自信がもてないときに	166
№ 72	人前にでるのがめんどうなときに	168
№ 73	ファッション選びのヒント	170
№ 74	美しくあるために	172
№ 75	年をとるのがこわいときに	174
№ 76	きれいになるために必要なもの	176
№ 77	美容液で結果が出ないときに	178

Chapter 8　恋愛と結婚のスパイス

| № 78 | 恋愛上手になれないときに | 182 |
| № 79 | 恋愛が長く続かないときに | 184 |

№ 80	オシャレしているのにモテないときに	186
№ 81	どんな人と結婚すれば幸せになれるのか	188
№ 82	恋に臆病になったときに	190
№ 83	素敵な男性がいないと感じるときに	192
№ 84	長く関係を続けたいときに	194
№ 85	仲のいい夫婦になりたいときに	196
№ 86	駆け引きにつかれたときに	198
№ 87	意地をはってしまうときに	200
№ 88	夫婦円満の秘訣とは？	202

Chapter 9　人生を楽しむために

№ 89	やる気がおこらないときに	206
№ 90	不安で行動できないときに	208
№ 91	勉強なんて、しんどいなぁと思ったら	210
№ 92	やりたいことが、見つからないときに	212
№ 93	肝の据わらせ方がわからないときに	214
№ 94	自己嫌悪に陥っているときに	216

№ 95	人生失敗ばかりだと感じるときに	218
№ 96	成績が悪く落ち込んでいるときに	220
№ 97	怠惰な生活がイヤになったときに	222
№ 98	若々しくいたいと思うときに	224
№ 99	毎日が退屈だと思うときに	226
№ 100	つまらない人生だと思ったときに	228

出典・参考資料	230
Epilogue　おわりに	237

Chapter

1

幸せのカギ

Keys to happiness

つらい状況にあるときに

どうにも物事がうまく進まずに、いわば雨降り状態の日々ってあるものです。でも、雨は絶対にやむんです。そしてきれいな青空が広がるもの……。

№ 1

「虹が欲しけりゃ、
　雨はがまんしなきゃ」

If you want the rainbow,
you gotta put up with the rain.

ドリー・パートン　*Dolly Parton*

シンガーソングライター、女優
（1946年 - ）
グラミー賞には42回ノミネートされ、7回受賞、アカデミー賞主題歌賞には2回ノミネート。『オールウェイズ・ラヴ・ユー』がホイットニー・ヒューストンにカバーされ大ヒットした。

第1章
幸せのカギ

冷たい雨こそ、
きれいな虹の下ごしらえ。
雨は必ず上がるものだから、
虹を楽しむ準備を忘れずに。

　雨が上がった空にじわっと太陽の光が広がり、空気中の水滴に反射すると……水がプリズムの役割をして光が分散され、七色の光の帯が見られます。雨のあと、青空にかかる虹は、すがすがしさこのうえありません。

　でもきれいな虹を見るためには、光を反射する水滴が欠かせないので、濡れる覚悟も必要です。

　ドリー・パートンは12人兄弟で極貧の子ども時代を送りました。伯父に楽曲を提供しビルボードでトップ10入りをするものの、自分のデビュー曲は100位にも入らないといった辛酸をなめた経験ももちます。

　雨は、虹がかかる前の大切な下ごしらえの時間です。冷たい雨降りのあと、ドリーにはグラミー賞42回、アカデミー賞２回ノミネートという輝かしい虹が現れました。そして、ホイットニー・ヒューストンがドリーの曲『オールウェイズ・ラヴ・ユー』をカバーして、全世界で大ヒットするまでに。

　雨が降ってこそ、虹がでるんです。

一度しかない人生を楽しむために | 今をどんなふうに過ごすかに迷いがあったり、本当に自分がしたいことをできないまま、動けずにいたりするなら……。

№2

「一度しかない人生だけど もし思うように生きたら 一度で十分でしょ」

You only live once; but if you do it right, once is enough.

メイ・ウエスト　*Mae West*

女優、作家（1893年 – 1980年）
アメリカ映画協会の映画スターベスト100で15位。チャップリンに「女から男を奪う女性」と言わしめる色気をもつ。ビートルズの名盤「サージェント・ペパーズ・ロンリー・ハーツ・クラブ・バンド」のジャケットにも登場。

第1章
幸せのカギ

自分の心根に従って、悔いを残さない生き方をしよう！

　ふたつの悪魔の誘惑に挟まれてしまったら、どうしますか？　自分にメリットがあるほうをとる？　より誘惑が強いほうをとる？　それとも、より危険が少ないほうにする？　──メイはこう語ります。
「ふたつの悪魔の間に挟まれたら、試してみたことのないほうをとる」
　ぱっとしない女優だった彼女は、自らが脚本を書いた作品でブロードウェイに殴りこみをかけます。まだセックスが自由に語られることがなかった時代に、あえてそのタブーに挑んだ劇のタイトルは『セックス』。
　ところが、評判が評判を呼んで上演回数は300回を超え、警官が踏みこんで閉鎖した最終日まで大入り満員。でもその私生活は、酒もタバコもやらずにいたって真面目。自分が言うほど乱れた異性関係もなかったそうです。奔放に見えた芸能活動と、じつは地道な私生活。
　人がどう思おうと関係なく、自分が思うように生きられたら、人生は一度きりで十分なんです。

ただなんとなく過ごしてしまう日々に

何事もなく穏やかに過ぎていく日々もいいものだけど、ときには、自分の目を覚ますような刺激も必要です……。

№ 3

「人生に必要なのは、
　何回呼吸するかではなく、
　何度息をのむほどの瞬間に
　会えるかよ」

Life is not about how many breaths you take,
but about how many moments in life
that take your breath away.

ビヨンセ　*Beyoncé*

歌手(1981年 -)
2004年グラミー賞５部門受賞。CD売り上げ世界2500万枚以上、グループ時代からでは5000万枚超。レディー・ガガの楽曲『テレフォン』に参加しPVにも出演。サマンサ・タバサやトミー・ヒルフィガーのプロデュースも手掛ける。

第1章
幸せのカギ

ハッと息をのむような
スゴイ出来事に会うために、
今日は自分から行動をおこそう！

　生きていることを実感するのはどんな瞬間でしょう？

　ハッとし、目覚めさせてくれ、驚きや感動として残るような出来事や出会いがあったとき……。

　ビヨンセには、そんな気持ちにさせてくれる存在がいました。

「人生に必要なのは、何回呼吸するかではなく、
　何度息をのむほどの瞬間に会えるかよ」

　これは、「彼がいなかったら、私はアーティストにはなっていなかった」というビヨンセから、マイケル・ジャクソンへの追悼の言葉。ちょうど彼の曲で育った世代のビヨンセが、その偉業に感謝を込めてのものでした。

　ただ生きているだけの毎日に、ハッとする瞬間を吹きこんでもらえたときの感動への、感謝を込めた言葉は、彼女の人生論そのものでもあります。

　自分の中に眠っていたものを覚醒させてくれる〝何か〟に出会えたら、人生の意味も大きくふくらみます。アンテナをピンと張って、そんな一瞬を大切に。

他人からの評価が気になるときに

まわりの人たちはどんなふうに自分を見て、評価してくれるのか……それを気にすることで、結局は人の価値観に自分が左右されることになります。

№ 4

「大切なのは、
他人からの評価ではなく
自分で納得すること」*

The important thing is not others' evaluation, but your own satisfaction.

狐野扶実子　*Fumiko Kono*

*　狐野扶実子さんが著書『狐野扶実子のおいしいパリ』で引用した知人サンドラス氏の言葉。

料理プロデューサー(1969年 -)
フランス「ル・コルドン・ブルー」の料理・製菓各部門を首席で卒業。レストラン「アルページュ」で3年で副料理長に就任。老舗高級食料品店「フォション」のエグゼクティブシェフを経験。グルマン世界料理本大賞世界最優秀賞受賞、ブラジエ賞グランプリ受賞。

第1章
幸せのカギ

今やっていることを「自分がこれでいい」と思えるまで突きつめて。

　愛用の包丁一揃えを小脇に抱えて世界中を旅し、フランスのシラク元大統領夫人のディナー会などで活躍し、世界中のセレブに愛される料理人・狐野扶実子さん。

　実績のない時代に自分の味覚と腕だけを頼りに、履歴書も推薦状ももたずにパリのレストラン「アルページュ」に乗りこみ、無報酬の皿洗いから３年で副料理長に登りつめると……惜しげもなく店を去り、今度は老舗「フォション」で女性・東洋人初のエグゼクティブシェフに抜擢されるのです。

　狭き門を一見簡単にくぐり抜け、軽やかでいて緻密。しかしその実、採算を度外視した食材へのこだわりや、パイナップル・ローストは、滴る汁を塗っては焼くことを繰り返して完成させるという端正さと根気がみられ、それを芸術的なセンスが包みあげます。

　彼女の心の深いところでつねに響いているという言葉がこれ。自分が納得いくまでつくりあげることが、やり遂げた幸福感に満たされるための秘訣でもあるのです。

| チャンスに恵まれないと感じるときに | アノ人にはチャンスがやってくるのに、自分に幸運がめぐってこないのはなぜか。もしかすると、自分が気づいていないだけかもしれません……。 |

№ 5

「幸運って、
努力がチャンスに
めぐりあうことよ」

Luck is a matter of
preparation meeting opportunity.

オプラ・ウィンフリー　*Oprah Winfrey*

タレント（1954年 - ）
『オプラ・ウィンフリー・ショー』は米トーク番組史上最高の番組と評価され多数の賞を受賞。フォーブス誌の「米エンターテインメント業界で最も稼いだ人物」で1位を獲得している。

第1章
幸せのカギ

〝その時〟にそなえて
畑を耕しておこう！

　ある人は、いつでも種がまけるように畑を耕して準備をしていました。

　ある人は、いざ種をまくときに準備をしようと、荒れ地をほったらかし。

　ある朝、空から〝種〟が降ってきました。じつは神様はいつもどこかに〝チャンスの種〟を降らせていたんです。

　だから、準備していた畑からは作物の芽がでたのに、荒れ地の人は種が降ってきたことも知らずに過ごしてしまったとさ──。これは『Good Luck』（ポプラ社）にあったお話の一部です。

　オプラ・ウィンフリーは、アメリカで大人気のテレビ番組司会者です。子ども時代に虐待を受けたり、奨学金で大学に行くなど恵まれない環境で育ちました。でも地方局でコツコツと培ったアドリブ力が評価を受け、ついには全米に『オプラ・ウィンフリー・ショー』が流れるまでに。成功を収めて裕福になった今も、一市民、一主婦の目線を忘れぬ努力で人気を維持し続けています。

　どんな境遇にあっても、畑さえ耕しておけば幸運の芽がでてくるんですね。

癒やされ幸せに
なりたいときに

つい眉間に皺が寄ってしまう出来事は、日々おこります。そんな日常の中で、ちょっとした心がけでだれもが幸せになれる方法があるんです……。

№ **6**

「ただ微笑むだけで、どれほど幸せになれることか」

We shall never know all the good
that a simple smile can do.

マザー・テレサ　*Mother Teresa*

カトリック教会修道女
（1910年 - 1997年）
カルカッタではじまった貧しい人々の救済活動は、全世界に広められていった。1979年のノーベル平和賞、1983年にエリザベス2世から優秀修道会賞など多くの賞を受けた。

第1章
幸せのカギ

今日は、ほんの少し口角をあげてみよう。

　マザー・テレサは、世界中の貧しい人々や難民を助け、笑顔でパンを与え、命短い人たちの最期を看取るホスピスでケアを続けました。「微笑んで行うからこそ意味がある」の言葉と共に、人の心も体も癒やし、救い続けたのです。

　微笑みが人を癒やすというのは、心理学的にも根拠があるとされています。微笑みはポジティブな気持ちの表れのため、それを見た人を安らかな気持ちにさせます。

　さらに、微笑んだ人にとっても、頬の筋肉を動かすことで、体の中に酸素を取りこみストレスを軽くしたり、血圧を下げたりと、病気の予防や治療の効果があるそうです。

　たとえば、ハシを口をすぼめるように縦にくわえるよりも、横にくわえて笑顔に似た表情をつくるほうが、いろいろなことを楽しく感じられる実験結果もみられるほど。ほんの少し口角をあげて、微笑むように筋肉を動かすだけで、自分自身もそれを見る人も幸せになれるというわけです。

　マザー・テレサの微笑みには、私たちも実行できる、確かな効果があるんですね。

| パートナーとうまく いかないときに | 流れていく日常の中で慣れあううちに、自分でも気づかないまま、一緒にいる人に対する感受性も、表現も反応も鈍くなっていくことってあるものです。 |

「愛する人が帰ってきたら
　喜んで駆け寄り迎える」*

When your loved one comes back,
happily bolt over to welcome him.

南果歩　*Kaho Minami*

* 南果歩さんが著書『瞬間幸福』で、新聞コラムの一節より引用した言葉。

女優（1964年 - ）
1984年に映画『伽倻子のために』の主役でデビュー。1989年ブルーリボン賞助演女優賞ほか受賞多数。2005年俳優の渡辺謙と再婚し米国暮らしを経験ののち帰国。近年は『梅ちゃん先生』（NHK）ほか人気ドラマに出演。

第1章
幸せのカギ

自分に足りなかったことを、犬の生活から盗もう。

　南果歩さんが米国生活の中で見つけ、著書で引用した一節から、「犬」に学ぶ幸せ上手のお作法を紹介します。真似てみたら幸せになれそうですよ……。

　――愛する人が帰ってきたら喜んで駆け寄り迎える。楽しいことへのチャンスを絶対に見逃さない。新鮮な空気や風を顔に受けるピュアな幸せを喜ぶ。毎日走り回ったり、ふざけたり、ジャンプしたりする。アテンションを喜びスキンシップを受け入れる。軽く唸れば済む時に噛みつかない。暖かい日は草っぱらに寝っ転がって休憩。暑い日は水をたくさん飲んで日陰にいる。ハッピーな時は体中で喜びを示す。ただ長いだけのシンプルな散歩を楽しむ。食べることを心からエンジョイし、充分食べたらごちそうさま。自分に忠実に、自分にウソをつかない。自分の欲しいものが埋まっていたら、見つかるまで掘る。もし誰かが悲しんでいたら、何も言わずにただそばに寄り添う。日々をありがたく送る。毎日のすべてを楽しむ――。

　一番のコツは「素直に」ですよ。

| 忙しくて時間がないときに | 日々の雑用や仕事に追われて「時間がない！」。ついカリカリして、大切な人に淋しい思いをさせてしまったり、ふと気づいたら、誰もまわりにいなくなってしまったり。 |

№ 8

「愛する人や、
　自分を必要としてくれる人のために
　時間をつくることは大切よ」

It's important to make time for the people in your life
who you love and who love you back.

キーラ・ナイトレイ　*Keira Knightley*

女優（1985年 - ）
『スター・ウォーズ　エピソードⅠ』でアミダラ女王の影武者役で注目を集め『ラブ・アクチュアリー』『パイレーツ・オブ・カリビアン』でトップスターの仲間入り。『プライドと偏見』でアカデミー賞主演女優賞にノミネートされた。

第1章
幸せのカギ

時間はつくるもの。
大切な人との時間なら、
なおさらですね。

　忙しくて、大切な人との時間をおろそかにしてしまうことってあるものです。

　キーラは父が俳優、母は劇作家の家庭で育ち、「学校がないときだけ」の約束で6歳から仕事をしてきました。10代で将来を嘱望されるスターとなり、『プライドと偏見』では20歳と311日という史上3番目の若さでアカデミー賞主演女優賞にノミネート。『パイレーツ・オブ・カリビアン』シリーズのヒロイン役で人気を不動のものにし、女優として成功の道を歩むようになります。

　そんな忙しい日々を振り返って考えたのは、〝何が自分にとって大切か〟でした。

「私生活がほとんどなくて仕事ばっかり。でも私は愛する人と一緒にいたい」

　こうして、大切な人たちとの時間を大切にし、休養もしっかりとることで、ゆとりをもって人と関わり、いろいろな経験を積めるようになり、演技にも磨きがかかっていったのです。

　愛する人、愛してくれる人との時間は、人生を豊かにしてくれるんですね。

流されている自分に嫌気がさしたときに

ほかの人を見ていると、自分がこれでいいのか自信がなくなり、まわりにあわせることで安心感をもつことがあります。でも、それでいいの?

№9

「草木がなびくように
　人間も人になびくのではなく、
　自分らしく、自由に生きなさい。
　そのほうが楽しいんじゃない、人生」

Don't deny yourself by bending to someone else's opinion,
like plants swaying in the wind.
Live your own way.
Then your life will be filled with fun.

杉村春子　*Haruko Sugimura*

女優(1906年 - 1997年)
演劇史・文化史に大きな足跡を残し、森光子、吉永小百合など女優たちの支持も集める、日本を代表するカリスマ女優。日本アカデミー賞会長特別賞、ブルーリボン賞助演女優賞ほか多数の賞を受賞。

第1章
幸せのカギ

自分らしく自由であるためには考えをしっかりもって、流されない部分も大切に。

　杉村春子さんの女優としての初期は、空襲警報で舞台が中断されるような時代でした。でも、「どんな嵐がこようと、雷が鳴ろうと、女優という職にしがみついて離れない心は、だれにも負けないつもりでした」と彼女。

　そんな「杉村春子伝説」のひとつとされるのが「女優は結婚しないほうがいい、まして子どもなど産まないほうがいい」と話し、自身も出産は断念したことでした。後輩が子どもを3人なして女優業がおろそかになったとき、ほかの女優は「お子さんという作品があるんだもの」と世辞を使うのに対して彼女は違い、だからこの程度の仕事しかできないんだと話したそうです。

　「当たり前ですよ、片手間で女優はできません。その証拠に私の夫は3人とも先に死んだわ」

　自分らしく自由に、人になびかずに生きるというのは、自分の軸をしっかりともつこと。

　だれにとってもの「絶対こうあるべき」はなく、人それぞれの軸があります。自分らしさをしっかりもって、流されずにいたいものです。

Chapter

2

仕事の刺激に

Get inspiration for
your business

| チャンスを逃さない
ために | つい避けてしまう面倒なだけに見える仕事を
こなしてみると、そこに思いがけない幸運が
眠っているかもしれません ——。 |

№ 10

「チャンスは
　『大変な仕事の仮面』を
　かぶっているもの。
　だからみんな、
　『チャンスだ』って
　気づかないのよ」

Opportunities are usually disguised as hard work,
so most people don't recognize them.

アン・ランダース　*Ann Landers*

ジャーナリスト
（1918年 - 2002年）
米国の新聞のコラムなどで人生相談を受け、人生論に満ちた格言や実例など的を射たアドバイスで現代女性の悩みに答えてきた。

第2章
仕事の刺激に

ただのリンゴから
チャンスを見つけ出すのは、
自分自身の見抜く力ですよ。

　セレンディピティ（serendipity）という言葉があります。何かを探しているときに、探しているものとは別の価値あるものを見つける能力・才能のこと。「千載一遇の幸運な出会い」のように言われますが、あくまでも何かを発見した「幸運」ではなく、何かを発見する「能力」を指す言葉です。たとえば、リンゴが落ちる場面を見て万有引力を発見したアイザック・ニュートン、間違ってアオカビを混入させて抗生物質ペニシリンを発見したアレクサンダー・フレミングがもっていたような能力。それから……まわりでチャンスをものにした人たちが、もちあわせたであろう力です。

　普通なら見過ごしてしまうことにもピンとアンテナを張って、特別なものを見つけだせたのは、積み重ねた知識や感性が彼らの中にあったから。

　ただの幸運はluck 。それを自分自身で見つけだす能力がserendipity 。

　大変なだけの仮面をかぶった仕事から、チャンスを見抜く能力を養いたいものです。

| めげそうに
なったときに | 性別や職種でなぜ差別を受けるの？　失敗は私のせい？　……納得のいかないことは山のようにあっても、立ち止まり悩むよりも先に進むほうが正解。 |

№11

「そんなことに
　　負けている時間はない」

I don't have time to give in to such a trivial matter.

石岡瑛子　*Eiko Ishioka*

アートディレクター、デザイナー
(1938年 - 2012年)
日本の広告分野で活躍後、渡米。アカデミー賞衣装デザイン賞、アルバムジャケットのデザインでグラミー賞、ニューヨーク映画批評家協会賞、カンヌ国際映画祭芸術貢献賞ほか受賞。紫綬褒章受章。

第2章
仕事の刺激に

めげることなんかに
時間をさかずに、少しでも前進を。
気持ちを切り替えて。

　石岡瑛子さんは、ニューヨークで三島由紀夫を題材にした日米合作映画『Mishima』の美術監督に大抜擢されました。

　ところが、映像での経験がないままに大役を任された彼女への、日本人男性スタッフからのやっかみはひどいもの。まわりの米国人男性たちですらも、日本人の女性差別を目の当たりにして驚くほどだったそうです。

　でも、大役をこなすためには、そんなことでめげてはいられません。わかってくれる人にグチをこぼしながらも「成功させることが先決」と歯をくいしばります。

　そして、ついに無事に大役を果たすと……作品が好評価をえて、彼女の名前は世界的に広まっていくことになるのです。

　めげている間は何も生まず何も変わりません。

　それよりも自分らしく一歩でも前進したいもの。

　前に進むことで、気づいたら頭を打ちつけた壁も天井もなくなって、気持ちのいい大空が広がっているかもしれません。

グチがこぼれそうに なったら	不満があったら自分から行動をおこすこと。 そうすべきタイミングではなければ、まずは 自分の考え方や、やり方を見直してみること。

Nº 12

「気にくわないことは変えればいい。
 変えられないときは、
　向きあう姿勢を変えるのよ」

If you don't like something, change it.
If you can't change it, change your attitude.

　　　　　　　　　　マヤ・アンジェロウ　*Maya Angelou*

詩人、女優（1928年 - ）
『歌え、翔べない鳥たちよ』がベストセラーになり、映画『Georgia, Georgia』の台本でピューリツァ賞にノミネート。クリントン大統領就任式で詩を朗読し、マイケル・ジャクソンの追悼式では送る言葉を執筆した。

第2章
仕事の刺激に

自ら動くことで
世界は広がります。
止まっていたら何も変わりません！

　黒人であるために、ひどい人種差別を受けて育ったマヤは、大人になっても定職に就くことができず、ウェイトレスなど職を転々とするなど、境遇は変わりませんでした。

　それでも女優と創作への夢を忘れずに歌や踊りを続け、オフ・ブロードウェイの舞台に立つようになり……と、ここまではよく聞くアメリカンドリーム風です。が、ここから快進撃が始まりました。

　今度はエジプトへわたって編集者になり、ガーナで教鞭をとり、各国の言語を学び、黒人解放運動指導者のマルコムXと出会い、キング牧師に声をかけられ……と、自らが動くことで世界を広げていきます。

　ついには、黒人で女性という、もっとも差別を受ける立場のマヤが、クリントン大統領就任式典で自作の詩を朗読する地位を確立。マイケル・ジャクソンの追悼式でも彼女の送辞が読みあげられました。

　黒人が差別を受ける世界に文句を言うのではなく、その状況に立ち向かい、自らが世界を変えていく姿勢が、自分の未来を開いたわけですね。

| できないけれど、ふんばりたいとき | 今それをできるわけではないけれど、それができれば手に入るものがある……そんなとき、まずすべきことが「自分にウソをつくこと」なんです。 |

№ 13

「ウソってのは、自分がふんばるための手段にも使えるってことだよね」

A false tale can be a good tool to encourage yourself to hang in there.

桃井かおり　*Kaori Momoi*

女優(1951年 -)
1971年に映画デビューし、多くの新人賞を受賞。『幸福の黄色いハンカチ』での日本アカデミー賞助演女優賞をはじめ、『もう頬づえはつかない』『木村家の人びと』などで次々と主演女優賞を受賞。女優としては最年少で紫綬褒章受章。

第2章
仕事の刺激に

たまには「自分自身につくウソ」を原動力にしてみよう！

「できないことに怖気（おじけ）づくよりも『できます』って言ってしまう。それからできるようになればいい。ウソをついたぶん焦るから、できるようになるのが早いかも」と桃井かおりさん。

たとえば、どうしてもやりたい役にフランス語が必要だったとしたら、フランス語なんか話せなくても「話せます」と言って、まずは役をとる。そこでできなければ、本当のウソつきになってしまうし、下手をしたら大事になる。ならば、撮影が始まる前に話せるようになってしまえばいい、というのです。

それは度胸がいることですが〝言ったことに責任をとる″なら、言ってしまったことができるように、猛烈な力を発揮できる可能性は高まります。

こういうウソは、自分がふんばるための手段になるというわけですね。それに、苦手なこともやってみたらできたり、好きになったりするかもしれません。

ウソも方便。そのウソがウソじゃなくなるように責任さえとれば、最高の原動力になることも。

わかってもらえない ときに	自分の半径数メートルの中だけで通じる価値観や言葉があります。その輪から一歩でた瞬間から、その価値がひっくり返されることだってあるものなんです。

№ 14

「あなたがスゴイと思うことでも、世の中の半分の人は理解できないものよ」

One half of the world cannot understand
the pleasures of the other.

ジェーン・オースティン　*Jane Austen*

作家(1775年 - 1817年)
キーラ・ナイトレイがアカデミー賞主演女優賞にノミネートされた映画『プライドと偏見』、グウィネス・パルトロウ主演映画『エマ』などの原作者。近代イギリス小説の頂点とされる作品多数。

第2章
仕事の刺激に

伝わらないのは
相手のことを考えていないだけ。
相手の気持ちを想像しよう！

　どうしてわかってもらえないのかと、もどかしくなることがあります。自分の伝え方が悪いのか、あるいは受け止め方の次元が違うのか……。

　でも、そもそも「ある人たちにとっては世界の常識に思えても、じつは狭い世界でしか通用しない発想だ」というのがジェーンの考え方でした。

　たとえば、スマートフォンを世に広めたスティーブ・ジョブズも、そんな考え方でだれにでもわかりやすく物事を伝えました。難しい専門用語で説明しても人は興味をもちません。じゃあ、どうするか？

　ジョブズは商品の価値を「速度は2倍、価格は半分」と、買う人が判断しやすい言葉にします。〝30ギガという容量〟の説明は嚙み砕いて「音楽7500曲、写真2万5000枚、ビデオ75時間の記録に十分な大きさ」でした。

　すべては〝聞き手にとって意味がある内容に置き換える〟ことで、はじめて理解してもらえます。

　それは、けっしてまわりにあわせて自分を捨てることではありません。

| 成功したい、と思うとき | 容姿端麗、成績優秀……恵まれて見える人でも努力をしているもの。すべてに全力、そんな気持ちでのぞんでこそ、成功できるんです。 |

№15

「成功するためには、
　100パーセントの力を注ぐこと。
　私は今でもそう心がけているわ」

I believe to be successful at anything
you have to give it a 100% commitment and
that is what I still do to this day.

ミランダ・カー　*Miranda Kerr*

モデル（1983年 - ）
メイベリン・ニューヨークのモデル、下着ブランドのヴィクトリアズ・シークレットのモデルに起用される。2010年に俳優オーランド・ブルームと結婚し第1子を出産。その後もモデルとして活躍している。

第2章
仕事の刺激に

自分なりのルールをつくりセルフコントロールをしよう。きっと、いい結果がついてきますよ。

　ミランダ・カーは、メイベリン・ニューヨークのキャラクターをつとめ、大人気の下着ブランド、ヴィクトリアズ・シークレットのエンジェルをこなす世界的な人気モデル。しかもハリウッド・スターのオーランド・ブルームを射止めて子どもを授かり、出産後はすぐにモデルの仕事に復帰します。

　まわりで見ていれば、ただ「あっ」という間の出来事でした。でも彼女自身、美容や健康に気を使うことはもちろんのこと、仕事でもプライベートでも、セルフコントロールをしているのです。たとえば、自分にこんなルールを課しているといいます。

　1）パートナーとの関係を大切に育む
　2）スポーツやエクササイズを楽しむ
　3）自分の信条のために立ち上がる勇気をもつ
　4）体をいたわる

　自分なりのルールを設けて100パーセントの力を注ぐからこそ、美貌にさらなる磨きがかけられ、仕事も充実し、素敵な伴侶もえられたわけですね。

| 自分らしさを見失いそうなとき | 本当の自分らしさって、自分ですらよくわからないものです。でも、人と同じであったり真似をするだけでは、その人以上にはなれませんから……。 |

№16

「だれかの二番煎じじゃなくて、
　自身の最高を
　目指したほうがいいでしょ?」

Be a first rate version of yourself,
not a second-rate version of someone else.

ジュディ・ガーランド　*Judy Garland*

女優、歌手(1922年-1969年)
代役でデビューした映画『オズの魔法使い』でアカデミー賞子役賞を受賞。「虹の彼方に」はだれもが知る曲となった。『スタア誕生』でアカデミー賞主演女優賞にノミネート。グラミー賞では最優秀女性歌唱賞を受賞。

第2章
仕事の刺激に

自分の最高を目指してみよう！
それでこそ、自分の価値が
でてきますよ。

　人がやらないことをやり、道なき道をいくのは、勇気がいることです。

　映画『オズの魔法使い』でブレイクしたとき、ジュディはまだ13歳でした。当初、主役のドロシー役は人気子役のシャーリー・テンプルが演じるはずだったものの、トラブルから急遽ジュディが代役に大抜擢。ところが代役だったジュディが楽しそうに歌い踊る姿は映画史に残る名場面となり、アカデミー賞作品賞にノミネートされるまでの評価を受けたのです。

　当時は黒人音楽をやっと白人が受け入れた時代。ジュディは黒人的な発声を取り入れた最初の白人ミュージカルスターとしても有名でした。

　人のやらないことに挑戦し、自分らしさを前面に押しだすことでスターダムを駆け上がります。

　たとえ代役だったとしても、人の真似をしたのでは代役以上にはなれません。

　自分の最高を目指すからこそ、自身の価値が認められるんですね。

キャリアに迷ったら

今の仕事、前にしていた仕事、自分のやってきたことを振り返ってみれば、自分が立つべき場所、これからすべきことも見えてきます。そして……。

№ 17

「自分の足で立てば、
　人生は豊かになるの」

There is a richness in a life
where you stand on your own feet.

マーガレット・バーク＝ホワイト　*Margaret Bourke-White*

報道写真家（1904年 - 1971年）
『ライフ』誌創刊号の表紙を飾った女性写真家。マハトマ・ガンディーの糸紡ぎ車の横にすわる写真など有名な作品を数多く撮影。「世界初」「女性初」と名のつく仕事を多くこなした。

第2章
仕事の刺激に

道がなくても、
自分で切り開けば道はできます。
草をかき分ける努力があってこそ、
人生はますます豊かに！

マーガレット・バーク＝ホワイトという名前は知らなくても、写真を見れば「これを撮った人か」とわかるかもしれません。

戦時中にカメラマンとして仕事をしてきたので、その仕事には「女性初」「世界初」がつくことが多く、女性としてだけではなく、戦場の報道カメラマンの草分けとして、道なき道を切り開いていきました。

彼女はしかるべき時にしかるべき場所にいる才能があったと言われ、ガンディー暗殺のわずか数時間前にインタビューをして写真撮影を行い、それが代表作のひとつになっています。

でも、その場にいあわせるための必死の努力がありました。世界初の女性従軍記者として戦地にも赴き、裏では「将軍のマットレス」などと心ない言葉がささやかれることもあったのです。

水面下で必死に足をかきながら、精一杯の仕事をして自分の足で立つ。それでこそ、人生はますます豊かになるのです。

| 何にも熱中できない ときに | ただ与えられた仕事をこなすだけの日々……。でも、少し視点を変えて、やり方を見直して、自分が心から打ちこめる形に変えてみませんか。 |

№ 18

「何よりもすばらしいものは情熱よ。
　情熱なくして
　　一体何をえられたというの?」

You know the greatest thing is passion;
without it what have you got?

　　　　　　　　ダイアナ・ヴリーランド　*Diana Vreeland*

ファッション・エディター
(1906年 - 1989年)
34年間、雑誌『Harper's BAZAAR』『VOGUE』で活躍した編集者。引退後はメトロポリタン美術館のコスチューム部門コンサルタントとして活躍。オードリー・ヘップバーン主演映画『パリの恋人』に登場する編集長のモデルとなった。

第2章
仕事の刺激に

心血注ぐ〝情熱〟があってこそ、自分の最高が引きだせます。

　伝説のファッション・エディターと称されるのがダイアナ・ヴリーランド。『プラダを着た悪魔』に登場する編集長のモデルとなった『VOGUE』編集長アナ・ウィンターと並ぶファッショニスタとされ、当時は衝撃的だったビキニやデニムを取り入れるなど新しいファッションを次々と世界に向けて発信。

　また、トップモデルのツィギーやローレン・バコールを真っ先に起用した女性でした。

　既成概念を覆し、細すぎる首や離れた目など、ともすればコンプレックスになりがちな個性を〝美〟と定義し、写真家リチャード・アヴェドンやデザイナーのマノロブラニクなどの才能も見いだし、『Harper's BAZAAR』や『VOGUE』といったファッション雑誌を創りあげることに情熱を注いでいったのです。

「たとえば、もし愛する人がいるなら、ありったけ愛すること。でも、そこに情熱がなければ、燃え上がりもせず、熱狂的にもならず、生きていないも同然よ」

　仕事にも愛情にも、すべてに情熱を！

仕事をしていく覚悟として | 自分がここにいた証や軌跡を残し、自分が生み育てた成果が実り、やってきてよかったと思える満足感をえるために心にとめておくべきことは……。

№19

「仕事には、全人格を注ぐ覚悟が必要」

Be aware that you need to put all of your personality and soul into a job.

草間彌生　*Yayoi Kusama*

前衛芸術家、作家（1929年‐）
水玉や網目をモチーフにした作品を制作。国内外で高い評価を受ける。一方で1983年『クリストファー男娼窟』で野生時代新人文学賞も受賞。芸術選奨文部大臣賞、外務大臣表彰、紺綬褒章、フランス芸術文化勲章オフィシエ、高松宮殿下記念世界文化賞、旭日小綬章、文化功労者顕彰ほか多数受賞。

第2章
仕事の刺激に

ときには自信をもって、全力で、自分のやり方を貫く勇気をもとう！

　香川県・直島の海辺に突きでた黄色に黒水玉の「南瓜」の彫刻や、船着き場の「赤いかぼちゃ」といえば、芸術なのに親しみやすくもある草間彌生さんの作品です。「前衛の女王」の異名をとり、国際映画祭にも数々入賞し、さらには小説でも賞を受賞。そして、ヴェネツィア・ビエンナーレなど世界各国でその作品は高い評価をえています。そんな彼女の仕事に対する姿勢は。

「仕事はまず初めに『全人格を注ぐ覚悟』が必要であり、自分が今もつ力は使いきり、また次を引きだしていくこと」

　そこにしか成長はありえないというのです。

「私は命の限り、最高の芸術をつくり続け、心の限り生涯をささげてきました。全人類の心を打つ魂の足跡を残したく、私の心からなる誠実を、後世へのメッセージを打ちたてたい。求道の心をもって生き、私は毎日芸術と闘っています」

　命を使いきるほどに、全人格を注いで仕事に打ちこむのが草間流。それでこそ、「この道を歩いてきてよかった」と思える仕事ができるのです。

Chapter 3
成功と失敗に学ぶ
Learning from success and failure

| 怠け心がでてきたときに | 少しでも手間を省いて、何もせずに目的地に到着できたなら、どんなに楽なことでしょう。でも……。 |

№ 20

「行く価値のある場所に、近道などありません」

There are no shortcuts to any place worth going.[1]

ビバリー・シルズ　*Beverly Sills*

オペラ歌手(1929年 - 2007年)
米国のもっとも有名なオペラ歌手のひとり。コロラトゥーラ・ソプラノとして活躍。1980年に引退したあとは、ニューヨーク・シティ歌劇場のゼネラル・マネージャーをつとめた。

第3章
成功と失敗に学ぶ

たくさん経験して、未来の糧にしよう！

　アレクサンドロス大王が、哲学者アリストテレスに「もっと楽に勉強する方法はないのか？」と言ったところ、「学問に王道なし」、つまり「王様だからといって特別楽に学べる道はありません」とたしなめたそうです。

　なりたいものになろうとするとき、できれば苦労をしないで目標に行きつきたいと思うもの。でも、その場はしのげても、いつかきっと避けてしまった問題と再び出くわしたり、同じような努力を求められたりすることになります。

　ビバリー・シルズは、アメリカの有名なオペラ歌手。彼女の声は高く明るいものだったのに、声とは裏腹な落ちついた役柄でも避けることはなく、その歌い方を変化させて高い声をカバーする工夫をしました。そして、目新しい歌劇作品にも果敢に取り組むなど並々ならぬ努力をし、彼女はオペラ界のスターとなります。

　どんなことでも目的地までは通るべき道を通って経験することが必要。楽な道は存在しないのですね。

人に意見をするときに

いきなり批判したら、相手にまず敵意を抱かれるかもしれません。同じ批判でも「なるほど」とよい点も認めたうえで「でも……」なら、印象は変わります。

№ 21

「批判はすべて、分厚い"賞賛"のパンにサンドするものよ」

Sandwich every bit of criticism between two thick layers of praise.

メアリー・ケイ・アッシュ　*Mary Kay Ash*

米国大手化粧品会社の創業者
(1918年 - 2001年)
化粧品会社メアリー・ケイを設立すると、みるみる成長し米国でトップクラスの化粧品会社に。その起業家精神と手腕で注目され、女性が力をだせる仕事を生みだしていく。

第3章
成功と失敗に学ぶ

魔法の〝ほめる力〟でうまく包んでいい結果を導きだそう！

　相手に批判的な言葉を伝えるときは、〝分厚い〟ほめ言葉に挟んでみましょう。ほめ言葉は批判を上手に包みこんでやわらげてくれるだけではなく、さらにやる気につなげてくれるからです。

　実際、怒られたり、ほったらかしにされるより、ほめられたほうがいい結果がでるそうです。小学生３グループにテストの問題を解かせる、こんな心理実験があります。１）基本的にほめられる。２）基本的に叱られる。３）何も声をかけられない。

　これで何日か続けてみると……１）のグループはテストの成績が伸び続け、２）のグループは最初は伸びるもののやがて停滞、３）のグループは変化なしの結果になったそうです。

　メアリー・ケイ・アッシュは、女性が本領発揮できるような仕事を考えだした人。そうした実践の経験の中で感得したのが、〝ほめる効果〟だったのです。

　ほめられるというのは、いくつになってもうれしいものです。上手にほめれば、魔法をかけたかのように、相手のやる気が引きだせますよ。

毎日の積み重ねが苦痛なときに

毎日練習をしたり下積みをして経験を重ねていく……それは楽しいことばかりではありません。でも、いつか自分が思い描く姿になるために……。

№22

「いきなり頂上にはいけないので、一歩、一歩です」

You cannot get to the top of the mountain effortlessly; you need to go up step by step.

上原ひろみ　*Hiromi Uehara*

ジャズピアニスト(1979年 -)
法政大学法学部を中退しバークリー音楽院に留学。在学中に米大手レコード会社と契約し全米デビュー。音楽院を首席で卒業後、日本デビュー。2011年にグラミー賞受賞。

第3章
成功と失敗に学ぶ

楽して頂上には辿りつけません。
でも日々登るうちに、
ゆったりと、広がる景色が
楽しめそうですよ。

　上原ひろみさんは、「ピアノを弾くためには、いろんな経験が必要」だと考えて、日本の大学で法律を専攻してから、米国のバークリー音楽院に留学。日本ではすでにCMの音楽などを手掛けていましたが、アメリカ人の目には幼く見えるため、アメリカの舞台に登場するたびに、お客さんはがっかりした雰囲気になったといいます。

　そこで、体を大きく見せ威厳を感じさせるために、スプレーで髪の毛を逆立てたり、机をはじいて指を鍛えたりと、人に負けないように考え抜いて工夫と努力を重ねてきました。

　今や、彼女がピアノを弾きだすと会場の空気がガラリと変わり、観客は一気に彼女が奏でる音楽の流れに乗るようになりました。

　ピアノだけではなく、あらゆる面からの一歩ずつの前進を続け、2011年に音楽家にとって最高の栄誉であるグラミー賞を受賞。

　一歩一歩、地面を踏みしめて登っていった頂上には、すがすがしい風景が広がっていそうですね。

困難にぶつかったときに

一代で会社を築きあげた、困難を乗り越えた……など、成功した人たちは、その苦労し辛かった時代や失敗した出来事を、むしろ誇らしげに語るもの。

№ 23

「困難なことを成し遂げて、
　目標を達成した上につくりだす自信は、
　最高に美しいものよ」

The self-confidence one builds from achieving
difficult things and accomplishing goals
is the most beautiful thing of all.

マドンナ　*Madonna*

歌手(1958年 -)
『ライク・ア・ヴァージン』を機に大胆なイメージで世界的なメガスターに。全米シングルチャートTOP10獲得数歴代１位の37曲をはじめ、グラミー賞７回ほか数々の記録と受賞歴をもつ。

第3章
成功と失敗に学ぶ

今の苦労も、いつか自慢話に変わるんですよ！

　マドンナは、スターの座を夢見てたった35ドルを手に単身ニューヨークにでてきました。わずかな時給のウェイトレスやヌードモデルをしながら生活をつなぎ、ダンスのレッスンを続けてデビューのチャンスを手にします。そして自らをアイコン化し、その美貌と迫力の歌やダンスでポップ・クイーンとしての地位を確立していきました。

　アメリカンドリームはだれにでも門戸を開いてくれるぶん、競争だって熾烈。マドンナは自身を磨きあげ、自分を売るための努力を積み重ねたのです。

　数十ドルを握りしめていた時代から、自らの力で、ワールドツアーで数億ドルを生みだすまでの世界的なアイコンになり、ベストアルバムでは、ブレイク前のレニー・クラヴィッツを起用するなど、若手アーティストにもチャンスを与えています。

　困難にめげず、目標を達成するたびに、自信はついていくもの。そして、その自信はゆるぎなく、限りなく美しいものになるのです。

| 失敗するのが怖いときに | あと一歩を尻込みしてしまって踏みだせない、その理由は失敗するのが怖いから。でもそれが、成功への通り道だとしたら……。 |

№ 24

「私は、失敗を恐れたことがないの。
　よいことは、必ず失敗のあとに
　やってくるものだから」

I wasn't afraid to fail.
Something good always comes out of failure.

アン・バクスター　*Anne Baxter*

女優（1923年 - 1985年）
建築家のフランク・ロイド・ライトの孫娘。『イヴの総て』でアカデミー賞主演女優賞にノミネート。超大作映画『十戒』ではその美貌を生かして、エジプトの王女を演じている。

第3章
成功と失敗に学ぶ

失敗は恐れずに。
成功への方程式のポイントは
「失敗イコール学び」ですよ。

　事業に失敗した起業家に対して、出資者はどうするでしょうか？　欧米ではまた資金を提供して、チャンスを与えるそうです。なぜなら、失敗した人は〝学んでいるから〟。つまり、こんな方程式ができあがります。

　学び（＝失敗＋経験）＋次の挑戦＝成功！

　アン・バクスターは、ニューヨークではステージで名が売れていたにもかかわらず、映画全盛期だったハリウッドに乗りこんでいきます。ところが、カメラテストを受けても彼女には門戸が開かれず、一度はニューヨークに戻ることを余儀なくされました。

　それでも夢を捨てきれず、一度は失敗したハリウッドで再度テストを受けて、20世紀フォックス社と7年の契約を結ぶことに成功。それをきっかけに『イヴの総て』でアカデミー賞主演女優賞にノミネートされ、『十戒』などの作品で彼女の美しさを存分に引きたててくれる役にも恵まれました。

　失敗しても果敢に再挑戦。よいことは、失敗のあとにくるものなんです。

| 従来の型から抜けだせないときに | 一見の華やかさは目を奪うもの。でも本当に大切なのは、いい道具よりもそれを使いこなせる腕であり、内容があることなのです。 |

№ 25

「物事は型から入るのではなく、いつも中身からとらえるの」

I never look at it from the standpoint of form.
I always look at it from the standpoint of content.

キャスリン・ビグロー　*Kathryn Bigelow*

映画監督(1951年 -)
映画『ハート・ロッカー』が『アバター』を抑えてアカデミー賞作品賞ほか多数受賞。史上初の女性によるアカデミー賞監督賞受賞者。ジェームズ・キャメロン監督は元夫。

第3章
成功と失敗に学ぶ

形式に囚われない独自の視点を生かせば、大きな力に挑んでいく勇気がもてますよ。

　ジェームズ・キャメロン監督のメガヒット映画『アバター』を抑えて、アカデミー賞で作品賞、そして女性として史上初の監督賞を受賞したのが、映画『ハート・ロッカー』のキャスリン・ビグロー監督でした。

　この因縁のふたり、ご存じのとおり元夫婦。

　キャメロン監督のハリウッドらしい３Ｄの超大作映画に対して、ビグロー監督の作品は有名俳優の出演もない地味なもの。

　戦争映画なのに男同士の友情も描かれず、やさしい奥さんが待っているなど、男性が思い描くようなファンタジーもいっさいなし。ところが、心臓をえぐるような心理描写と斬新な映像、現実を目の当たりにするかのようなリアルなタッチがハリウッドらしさの型を破り、むしろ新鮮でした。

　華やかさや〝型〟から入るハリウッドらしさを脱ぎ捨て、３Ｄの最新技術を駆使した元夫の超大作との賞レースに挑んだ結果──勝利したのは、技術や型に囚われず、内面から描くビグロー監督の視点だったのです。

| 判断できず
迷っているときに | 机上の理論だけで考えても結論に達しないことや、理屈よりも大切なことが世の中にはたくさんあります。あらゆる判断は経験の上に成り立ちます……。 |

№ 26

「最後は理論ではない。一瞬のカンです」

日本経済新聞　朝刊　2002年1月1日

The final decision is not based on theory, but on a stroke of intuition.

緒方貞子　*Sadako Ogata*

国際政治学者（1927年 – ）
国連公使、国際連合児童基金執行理事会議長、国連人権委員会日本政府代表、第8代国際連合難民高等弁務官他をつとめる。2001年からアフガニスタン支援政府特別代表、2012年から国際協力機構特別顧問。文化勲章ほか受章多数。

第3章
成功と失敗に学ぶ

自分が今優先すべきことを、
現場で瞬時に感じとりたいものです。

　東西冷戦後の10年間、国連難民高等弁務官事務所（UNHCR）のトップとして世界の難民支援を指揮してきたのが、日本人女性の緒方貞子さんでした。

　武装集団が紛れた難民集団や、孤立したサラエボへの支援など、前例のない数々の困難な状況に直面してきました。国境を越えない人々を難民と呼べず、国連が手出しをできないときに、ルールよりも人の命を優先し、超法規的な措置をとることもあったそうです。

　そこにあるのは、机上の理論だけでは片づけられない現実。理屈ではない一瞬のカンこそが、命を守り、平和と成功へと導くのです。

　多くの命が危機にさらされる中で、緒方さんは「生命を守ることがすべてに優先する」「現場主義に徹する」の信念を貫き難局を乗り越えてきました。

　そして、「世界的視野で『共生』を模索していくべきだ」と、緒方さんは言います。こうした瞬時の判断力と共生の心は、あらゆる場面で大切なことではないでしょうか。

逆境に立たされたときに

人の言葉に振り回されるうちは自分を見失いがちで、ますます何をすべきか、どうすればいいかわからなくなります。でも……。

№ 27

「自分の生き方を決めると、人はくよくよしなくなる」

It's amazing the cares one loses
when one decides
not to be something, but someone.

ココ・シャネル　*Coco Chanel*

ファッションデザイナー
(1883年 - 1971年)
帽子アトリエの成功でファッションデザイナーへ。窮屈さから女性を解放する「シャネルスーツ」を生みだす。一時は退いたデザイン界に復帰するも不評を買うが、渡米し再度成功を収める。

第3章
成功と失敗に学ぶ

失敗は、強くなるきっかけを
与えてくれるんです。
腹をくくれば、くよくよもふっきれて、
いつか勇気に変わりそうです。

　年と経験を重ね、逆境を乗り越えることで、シャネルは強くなっていきました。

　シャネルは一度ファッション業界を退いてから復帰するものの、復活の発表会が失敗に終わり「過去から脱却できていない」との酷評を受けてしまいました。会社も彼女をデザイナーから降ろそうとする中で、もう一度再起を狙います。「人間は成功ではなく、失敗で強くなるの」という言葉とともに。

　苦境にも負けないその強さはどこから来るのか……まだ無名のころ、自分がつくる帽子だけでは食べるものすら買えず、著名なデザイナーと組むことで、一気に世間に名前が知れわたるようになったシャネル。

　過去の辛い経験で強くなった自分は、今の困難くらいは乗り越えられると自分を鼓舞しました。

　——私は逆流をさかのぼって強くなった。

　——人間は成功ではなく、失敗で強くなるの。

　腹をくくって復帰した彼女の、この言葉をもらうだけでも強くなれそうです。

心が頑なになっているときに

筋を通すことも大切だけれど、人の言葉に耳を傾けられなくなったり、意地を張っていたりするのはただの頑固者……。

№28

「どうにも乗り越えがたい
　障害にぶつかったとき、
　頑固さほど
　役に立たないものはないわ」

In the face of an obstacle which is impossible to overcome, there is nothing like stubbornness.*

シモーヌ・ド・ボーヴォワール　*Simone de Beauvoir*

* stubbornness is stupid が一般に英語訳として多く見られますが、ここでは上記英語訳にしています。

作家、哲学者（1908年 - 1986年）
パリ大学に学び、サルトルと出会い事実上の妻に。代表作『第二の性』で「人は女に生まれるのではない、女になるのだ」と、女性らしさが社会的につくられた約束事にすぎないことを記した。

第3章
成功と失敗に学ぶ

ときには、
心をほぐす柔軟体操も
必要なんです。

　同じ大きさのスポンジと木があったとします。さて、小さな筒に通そうとすると、スポンジならばやわらかく形を変えて通れますが、木は難しい。人の心もコレと同じで、形を変えなければ、通り抜けられるものも抜けられなくなります。どうしてもダメなときは、他の方法を探す柔軟さをもてたら、ずっといい結果になるかもしれません。ボーヴォワールはこう言います。

「乗り越えがたい障害に、頑固さは役に立たないわ」

　ボーヴォワールは、哲学者サルトルと事実婚状態をとった、今でいうフランス婚のはしりのような人。時代が決めた型を抜けでた結婚の形を模索し、「人は女に生まれるのではない、女になるのだ」と、女性らしさですら社会的につくられた約束事にすぎないとしています。そんな難しいことを考える哲学者ですら「柔軟に」とすすめています。固まった頭をちょっとだけほぐしてやわらかくしてみれば……ほら、乗り越えることも、通り抜けることもできそうですよ。

| 「ムリだ」と思う前に、もう一工夫 | もう精一杯やってきて手も尽くしきり、手を放してしまうその前に、本当にほかに手はないか、最後の一瞬まで考えてみると……。 |

№ 29

「ロープの最後まで
　きてしまったら、
　結び目をつくって
　しがみつくこと」

When you get to the end of your rope—
tie a knot in it and hang on.

エレノア・ルーズベルト　*Eleanor Roosevelt*

> 米国大統領フランクリン・ルーズベルト夫人（1884年 - 1962年）
> 5男1女の子どもを授かりながら、もっとも活動的なファーストレディとされた女性。人権活動家、コラムニスト、世界人権宣言の起草者と、その活動は多岐にわたった。

第3章
成功と失敗に学ぶ

ダメだと思う前に、
もう一度手だてを考えてみよう。
小さな結び目が、
大きな力をくれるかもしれませんよ！

「もう滑り落ちる」と思ってロープから手を放す前に、なんとかできそうな方法を考えて、もうひとふんばり。ロープの端っこを結んで滑り止めにすれば、あともう少しがんばってしがみつけそうです。

　だから、あきらめずに。

　ルーズベルト大統領夫人となったエレノアは、少女のころは病的なほど臆病で内気でした。

　そこでエレノアは「自分自身に対する恐怖に取りつかれている」と考えて、自分の気持ちを解放する訓練を受けることで、臆病で内気な自分を克服。後に、世界中の人の前にでる大統領夫人まで勤め上げました。

　ロープの端っこで自分を支えてくれる結び目は、人によってそれぞれ。

　だから、自分で結ぶしかありません。

　でも結んでもう一度力をだせば、エレノアみたいに登りきることだってできそうです。

謙虚に教わる
気持ちがおろそかに
なったら

忙しい日々の中で、人から教えてもらえることが、どれほどありがたいことか、ついつい忘れてしまいがちになります……。

№ 30

「一生、生徒。
　私は、教わること
　　そのものが大好き」

I'm just a student through my whole life.
I like learning itself.

吉永小百合　*Sayuri Yoshinaga*

女優
高校在学中『キューポラのある街』にヒロイン役で出演。デュエットで30万枚セールスの大ヒットとなった『いつでも夢を』で日本レコード大賞受賞。日本アカデミー賞最優秀主演女優賞は4回受賞。

素直に学ぶ。
いくつになっても、忘れずに。

　あの美貌で、なんと戦後日本と同じ年だそうです。10代でデビューしてから半世紀にわたってトップスターであり続け、つい最近の「スポーツ選手から今のアイドルまで含めたタレント好感度ベスト10」にまで名を連ねるスターぶり。これほどの長い期間、つねにトップスターであるのは彼女くらいだと言われます。
「振り返れば失敗ばかりです。失敗するから次がある……だから後悔はしないけど、反省ばかりなんです」
　自分はプロと言えるほどの力量ではなかったので、素人なりに大きくなりたいと思ってきた、と言います。
　どんなことにも学ぶ姿勢を貫き、謙虚で控えめ、清楚で品格があり……だれもが日本の代表だと考える女優・吉永さんのこの姿勢が、みんなに愛される、女優としての不動の地位を築いたわけですね。そして、トップに立ってもまだ学ぶ。
「一生、生徒」
　つつましやかに貪欲な、日本が誇るスターが語った言葉です。

Chapter 4

背中を押して
ほしいとき

When you need a gentle push
from behind

もっと高みを目指すとき

> 私にはどうせ無理だから……なんて、はなから決めつけたら自分からチャンスを降りたようなもの。それよりも、まずは本音の目標を掲げてみたら……。

N° 31

「高校のとき、友達はみんな
『Googleで働きたい』って言ってたわ。
でも私は『そこで検索される人間』
になりたかった」

When I was in high school all my girlfriends
wanted to get jobs here (at Google).
And I wanted to be what they were searching for.

レディー・ガガ　*Lady Gaga*

歌手（1986年 - ）
デビュー・アルバム『ザ・フェイム』は1500万枚以上売り上げ、シングル『ジャスト・ダンス』『ポーカー・フェイス』は世界のチャートで1位を獲得。MTV Video Music Awards 2010では歴代2位の8冠を達成。

第4章
背中を押してほしいときに

上を目指すほど、身近な目標のクリアは楽に見えてくるものです。

　これはGoogleのインタビュー番組に登場して、来場者に感謝を伝える場面での言葉でした。「友達がみんな働きたかったような会社に来られて幸せ」とみんなに感謝したあと、「私はここで検索をされるような人間になりたかった」と、その野心の高さを示す言葉に会場が沸きました。

　ガガは、お嬢様高校から大学に飛び級で入学しながらも、肌が合わずに退学して家をでて、ストリップクラブや、レストランでパフォーマンスをして、自分で生計を立てていました。学校では個性が強く奇妙な存在として煙たがられたガガですが、プロデューサーの目には逆に「稀有な存在」と映ったのです。今や〝Lady Gaga〟をGoogleで検索すると、たった0.16秒で約２億4100万件がヒットし（2012年10月22日現在）、楽曲ダウンロード数は歴代最多の２億までに。

　世界有数の企業で働くよりも、世界有数の企業サイトで検索される人物になることを目標にする。そんな志の高さが、レディー・ガガを創りあげたんですね。

| できるかどうか……
と考えだしたら | 自信がないとき、「できないかもしれない」と考えはじめることで、すっかり萎縮してしまい、できることすらできなくなってしまいます。 |

№32

「航空力学的にはマルハナバチは
　飛べるはずがないけれど、
　マルハナバチは
　航空力学なんて知らないから、
　とりあえず飛び続けているのよ」

Let it stand. bumblebee shouldn't be able to fly,
but the bumblebee doesn't know it so it goes on flying anyway.

メアリー・ケイ・アッシュ　*Mary Kay Ash*

米国大手化粧品会社の創業者
(1918年 - 2001年)
化粧品会社メアリー・ケイを設立すると、みるみる成長し米国でトップクラスの化粧品会社に。その起業家精神と手腕で注目された。会社のマスコットにマルハナバチを起用している。

第4章
背中を押してほしいときに

「できる」と信じること。
最初から否定したら、できることも
できなくなっちゃいますよ。

　マルハナバチというのは、2センチ前後のまるまるフワワフワとしたハチ。その体に対して羽が小さいために、航空力学的にみると飛ぶのは不可能だといわれてきました。そこでメアリー・ケイ・アッシュが考えた飛べる理由は……「自分は飛べないと、知らないから」。

　マルハナバチは「自分は飛べるはずだ」と信じて疑ったこともなければ、「あなたは飛べないのよ」と言われたこともありません。人は、できないと思った瞬間にできなくなるものですし、やる前から「絶対ムリだよ」なんて、やる気をそぐことを言う人の言葉にも左右されてしまいます。

　メアリーは化粧品会社を立ちあげて大手に育てた経営者。彼女の会社ではマルハナバチをマスコットにしてその精神を社訓とし、成績のいい社員にダイヤをちりばめたマルハナバチの置物を贈るそうです。

　できるかどうか……と考えはじめたら、マルハナバチのことを思いだしてみましょう。

　まずは「できる」と信じることからです。

| 迷いを感じたときに | さあ、どうしよう。いろいろな思いが頭の中で錯綜して、いろいろな人の意見を参考に聞いてみて……でも、最終的に自分の人生を進むのは自分です。 |

№ 33

「決めるのは、あなたよ」

The decision's yours.

映画『プラダを着た悪魔』より

ジャーナリスト志望でファッションなど縁がなかった、アナ・ハサウェイ演じる主人公が、雑誌『Vogue』でメリル・ストリープ演じる悪魔のような最悪の女上司の下でひたむきにがんばり、認められていく姿を描いた作品。

第4章
背中を押してほしいときに

どんなに迷い、
どんな助言をもらおうと、
自分の人生を選ぶのは、
最後は自分の責任なんですよ。

　こんな女上司はまっぴらだと思わせ、その存在感で「ダブル主演」とまで言わしめたのが映画『プラダを着た悪魔』の編集長ミランダ役のメリル・ストリープ。このセリフは、厳しくも自分勝手なミランダが、第1アシスタントをおいて、第2のアンディ（アン・ハサウェイ）をパリコレにつれて行くと切りだすシーンのもの。アンディが人を差し置いては行けないと答えると、ミランダは「将来を真剣に考えていないのね」とゆさぶります。

　ボスとしてのミランダなら「来なさい」と宣告するところが、「決めるのは、あなたよ」と言い捨てます。「パリコレ行き」は、ここでは「ファッション界の正式会員」として認められる象徴であり、つまりは「自分のキャリアを決めること」になるわけです。

　だから、決めるのは自分。

　最終的にその道を進み生きるのは自分だから、命令に従うのではなく決めなさいと教えてくれた、鬼編集長の役柄とメリル・ストリープの人柄からにじみでる、人間味が隠されたセリフでした。

もう一歩、
踏みだせないときに

あれこれ考えると、そこから一歩も踏みだせないものです。でも「本当にやりたい」という気持ちがあるならば、自分の気持ちに正直に。

№ 34

「君はなんで
　そんなに幸せな環境にいるのに、
　　やりたいことをやらないんだ?」

Why don't you do what you wanna do even though you are in such happy surroundings.

山口絵理子　*Eriko Yamaguchi*

バッグデザイナー(1981年 -)
アジア最貧国バングラデシュで日本人初の大学院生となり、「施しではなく先進国と対等な経済活動を」の理念のもとバッグを現地で生産し、それを日本で販売する(株)マザーハウスを設立。日本で人気を博す。

第4章
背中を押してほしいときに

自分に問いかけて、
やりたいことは、やってみる。
そんな気持ちが、悔いのない人生の
第一歩ですよ。

「途上国発のブランドを創る」

　そんな目標をたてたときのことを本人も「夢物語だと思った」そうです。

　でも、アジア最貧国バングラデシュで、きれいな水すら手に入らず、ただ生きるために生きるような貧しい生活の人たちの中で「君は幸せな環境にいるのに、やりたいことをやらないの？」と問われた気がしたといいます。

　そこで、「かわいそうだから買ってあげる品」ではなく、先進国に認めてもらえて、しかもつくり手も誇りに思えるような製品を生みだそうと現地で起業しました。

　一歩踏みだしてダメでも、踏みだすことが大事じゃないか。その先に失敗があったとしても、それは勇気を振り絞って歩いた証拠だ……と。

　今は日本ですら「幸せな環境」とは思えない状況の人も多くいることでしょう。でも、彼女の「たとえ裸になってでも自分が信じた道を歩く」という心のもち方は、どんな場面でも生きる力になりそうです。

| 自分を見失って自信がないときに | うつむいたり、目をそらしたり、自信がないときはまわりでもソレとわかるもの。すると「この人に任せて大丈夫？」と不安にもつながります……。 |

№ 35

「私のモットーはね
　『"こいつ自信があるな"って
　相手に思わせることができれば、
　なんだってできる』っていうこと。
　たとえ自分を見失って
　しまっているときでもね」

My theory is that if you look confident
you can pull off anything
 — even if you have no clue what you're doing.

ジェシカ・アルバ　*Jessica Alba*

女優（1981年 - ）
ジェームズ・キャメロン製作総指揮のドラマ『ダーク・エンジェル』の主人公でブレイクし、ゴールデングローブ賞主演女優賞にノミネート。男性誌でつねにセクシーな女性の上位に選ばれる。

第4章
背中を押してほしいときに

自信がないときこそ空元気。
たまには、虚勢をはってでも
がんばろう。

　メキシコ系アメリカ人の父とフランスとデンマークの血をひく母をもつジェシカは、イギリスの雑誌で「世界一セクシーな女性」に選ばれたこともある美女。

　ジェシカはこのセクシーさのために、むしろ役が限られがちになり、同様にエキゾチックな顔立ちをした「ナタリー・ポートマンに比べて役に恵まれない」「キャメロン・ディアスのほうがもっとラテン系なのに」といった不満ももっていたそうです。

　上を見るほどに、今の自分に自信がなくなっていきます。けれども、上を望むからこそ自信たっぷりに振る舞うのが成功の秘訣だとも、彼女は言います。

　自分らしさを貫く姿勢は、相手に「こいつ自信があるな」と思わせることができます。

　ハッタリでもいいから自信があるように見えたら、こっちのもの。

　自信があると思わせれば、自信なんかなくたって、やっていることを納得してもらえます。ね、あとは本当に力を注ぐだけ。

進む勇気がもてないときに

先が見えない中を進むのは怖いことです。暗闇の中を進むために道を照らす光となってくれるのは……。

№ 36

「だれにでも才能はあります。
　必要なのは、
　才能が導いてくれる
　暗闇に踏みだす
　〝勇気〟です」

Everyone has talent.
What is rare is the courage to follow the talent to the dark place where it leads.

エリカ・ジョング　*Erica Jong*

作家（1942年 - ）
女性の性的欲求を扱った小説『Fear of Flying』でセンセーションを巻きおこし、繊細な心理描写で当時の女性のあり方や自由への欲求などを描きだし、人気を博した。

第4章
背中を押してほしいときに

だれもがもつ才能に、
〝努力する時間〟をプラスすれば、
一歩を踏みだす勇気になりますよ。

　じつは才能はだれにでもあり、才能を開花させられるかどうかに違いが生まれるのだそうです。

　才能を開花させるコツを示したおもしろい実験があります。バイオリンを学ぶ生徒を3つのグループにわけて練習量を比較したものです。
1）ソリストになれそうな人　2）プロオケに入れそうな人　3）プロオケはムリでも音楽の先生になれそうな人

　その結果、2）と3）の練習時間は4000時間〜8000時間の間。これに比べて1）の人たちは練習10000時間以上と飛躍的に長かったのです。この調査では「練習をせずに天才的才能を発揮する人」も「練習をしても上達しない人」も見られず、練習時間がカギだということがわかったのです。たとえばビートルズの突出した成功なども下積みにかけた「10000時間の努力」とタイミングの結果だとか。

　こうした時間の積みあげがあれば、だれにでも自信が生まれ、暗闇に足を踏み入れるときの、道しるべにもなります。

怖気づきそうなときに

そびえたつ壁が立ちはだかり、乗り越えなければ前に進めないとき、自分だったらその高い壁をどうとらえるか……。

№ 37

「壁が高いほど、挑戦しがいがあります」

The higher the wall,
the more rewarding the challenge.

菊池凛子　*Rinko Kikuchi*

出典：Web『CinemaCafe.net』Babel

女優（1981年 - ）
ハリウッド映画『バベル』で日本人女優として、約50年ぶりに米国アカデミー賞で助演女優賞にノミネートほか、数々の賞を受賞。シャネルの広告モデルをつとめ、映画『ノルウェイの森』など話題作も多数出演。

第4章
背中を押してほしいときに

落ちることを怖がらず、壁が立ちはだかったら高くても登ってみよう。高ければ高いほど登りがいがある！

「そもそも日本で女優としてずっとやれるか不安でした」と菊池凛子さんは言います。正直、それまで女優としての彼女の名前を知っている人は少なかったかもしれません。そんな時期に、尊敬する監督の映画オーディションの話が聞こえてきたのが、のちにアカデミー賞にノミネートされる『バベル』でした。ブラッド・ピット、ケイト・ブランシェット、日本からは役所広司さん……そうそうたるメンバーが出演するハリウッド作品です。

　監督が求めていたのは、本当に耳の聴こえない少女。でも、自分がやれることをやるしかないし、これが最初で最後の機会だと思って飛びこんでいったそうです。乗り越えるべき壁が高いだけに、不安も覚えながら。

「壁が高いほど挑戦しがいがありますし、どっちに転んでも意味があるんじゃないかと思いました。落ちてもいいと」

　高い壁もまずは登ってみれば、乗り越えられるかもしれません。たとえ落ちたって、そこで必ず何かはつかめるはず。

| 自信がないときに | できっこないなと思ったとして、でも、果たしてそれは本当にできっこないことなんでしょうか……。 |

№ 38

「できるかどうか、やってみなきゃだれにもわからないわ」

No one truly knows what is possible
until they go and do it.

リズ・マレー　*Liz Murray*

ホームレスからハーバード大学に入学
(1980年 -)
薬物中毒の両親の元で育ち、家を失ってホームレス生活を送る。特別支援付きの高校に入学し、優秀な学生に贈られる「ニューヨーク・タイムズ大学奨学金」でハーバード大学に入学。自伝『Breaking Night』を出版。

第4章
背中を押してほしいときに

まずはやってみる。
「ムリだ」なんて
勝手に思いこまないことですよ。

　リズの生活は、子どものころから過酷なものでした。薬物中毒だった両親は、やがてアパートを失い、エイズを患っていた母親は病院に入院し、父親は保護施設に収容されてしまい、行き場を失ったリズは15歳でホームレスとなります。ただ、そんなときでも本好きだった父親の教えに従い、拾ってでも本を読んでいました。母親が亡くなると、リズは自分の人生について考えて「人生は行動すれば報われる」と考えるようになりました。

　それからホームレスであることを隠して特別支援付きの高校に入学。人の何倍も猛勉強をしてわずか2年で卒業し、「ニューヨーク・タイムズ大学奨学金」の試験に受かり、ハーバード大学に合格。

　子どものころからただ生きることに精一杯だった彼女は、自分で自分の人生を切り開きました。

「やってみるまで、できるかどうかなんてだれにもわからない」

　この言葉を、リズは体現してみせてくれました。

| 二の足を踏んでいる ときに | どうしようかと思っているなら、まずは挑戦してみる、そんな勇気も必要なんです。 |

Nº 39

「失敗したら
　がっかりするかもしれないけれど、
　挑戦しなかったら
　可能性すらないでしょ」

You may be disappointed if you fail,
but you are doomed if you don't try.

　　　　　　　　　　　　ビバリー・シルズ　*Beverly Sills*

オペラ歌手(1929 - 2007年)
米国のもっとも有名なオペラ歌手のひとり。コロラトゥーラ・ソプラノとして活躍。1980年に引退したあとは、ニューヨーク・シティ歌劇場のゼネラル・マネージャーをつとめた。

第4章
背中を押してほしいときに

「成功」と「失敗」に、「経験」も一緒に並べてみよう。失敗を恐れず挑戦することが、成功への近道です。

　何かに取り組むとき「うまくいく」「うまくいかない」のふたつの可能性がでてきます。結果だけを考えて「失敗したらどうしよう」「うまくいかなかったら恥ずかしい」という気持ちで取り組むと、萎縮してうまくいく可能性が低くなるそうです。「成長」を考えていないから、失敗が怖いんですね。

　結果だけを見ると「成功」と「失敗」しかありませんが、そこには「経験からの成長」という過程が生まれます。

　ある実験で、努力をほめた子どものほうが、結果をほめた子どもよりも、その後の試験でいい点数がでたそうです。

　ビバリー・シルズは、高い声ながら重厚な役を演じたり、新しい作品にも果敢に取り組んだりと、つねに「挑戦する」ことで可能性を生みだしました。自分の努力を認めてあげれば、挑戦すること自体に価値が感じられます。すると、ガチガチの心がほどけて……じつは成功の道が開けるんです。

| 自分の力が
わからないときに | 自分はここまで、なんて決めてかからずに、どんどん、ぐんぐん進んでみる。勝手に自分の枠を決めてはもったいないんです。 |

№ 40

「エースというよりか、
　チャレンジャーでありたい」

I want to be a challenger rather than an ace.

鈴木聡美　*Satomi Suzuki*

水泳選手（1991年 - ）
ロンドンオリンピックで銀メダル、銅メダル獲得。日本女子平泳ぎ史上3人目のメダル受賞者。4歳で水泳をはじめ、平泳ぎで女子50メートル、100メートル、200メートルの日本記録保持者。

第4章
背中を押してほしいときに

自分の力量なんか推し量らずに、
どんどん進んでみよう。
枠を超えた大きな力が発揮できますよ。

「みんなの前で泣けないから、ゴーグルに涙がたまる」

　ハードな練習の最中、グチを言わない彼女がお父さんにもらした言葉だそうです。世界に挑戦していくためにゴーグルに涙がたまるほどの辛い練習をこなし、記録をどんどん塗り替えていきました。

「自分がどれくらい力をもっているのか、まだ自分でよくわかっていないと思う」とコーチ。潜在能力は、まわりにも本人にも計り知れません。

　心理学に〝ピグマリオン効果〟というものがあります。まわりが期待をすれば、それに応えるように能力を発揮すること。より大きな箱を用意すれば、その箱にあわせて成長できるのです。彼女には「日本のエース」という箱が用意されました。でも、小麦色の肌に笑顔で答えるのは……

「エースというよりか、チャレンジャーでありたい」

　という言葉。自分の能力の枠を決めずにどんどん突き進む精神が、日本のエースにとどまらず、ここまで彼女を強くしたのですね。

| 自分の存在は必要なのか考えるときに | だれにでも、必ずできることや得意なことはあるものです。あとは、それを突きつめていくだけのこと……。 |

№ 41

「一人ひとりが重要であり、
　それぞれに役割があり、
　だれしもに現実を変える力がある」

Every individual matters.
Every individual has a role to play.
Every individual makes a difference.

ジェーン・グドール　*Jane Goodall*

動物行動学者(1934年 -)
子どものころから動物が好きで、26歳でタンザニアのジャングルで特にチンパンジーの研究に従事。チンパンジーに道具を使う力があることを発見した。動物福祉や環境教育を行う組織JGIを設立。国連平和大使。

第4章
背中を押してほしいときに

自分がずっとやっていたいこと、
見ていて飽きないことは何？
そこに、すべきことが隠れているかも
しれませんよ。

　チンパンジーは草の茎を穴にさしてアリを捕るなど、道具を使います。そう、よくテレビの動物番組で見かける光景ですね。

　でも以前は「道具を使うのは人類固有の特徴」とされていたんです。

　それを、無二の動物好きだったイギリス人の女の子が、26歳になって念願のアフリカにわたってチンパンジーと向きあうことで、従来の概念を覆しました。しかも、チンパンジーは感情豊かで、それぞれの個性が強いってことも発見したんです。

「一人ひとりが重要であり、それぞれに役割があり、だれしもに現実を変える力がある」

　動物好きだったジェーンの役割は、とにかくチンパンジーが好きで、チンパンジーをわかってあげること。自分に割りふられた役割を果たした今は、世界中で講演をする動物学者であり、国連の平和大使にもなりました。

　大好きなことを掘り下げていけば、既成概念だって変えうる力になるんです。

| 何を信じればいいか わからないときに | 信頼できる人が少しいるだけでも心強いものです。でも、まずは自分自身を信じることが自分を支える力になります。 |

№ 42

「私は自分の魔法の力を強く信じてる」

I believe strongly in my own personal magic.

スーザン・サランドン　*Susan Sarandon*

女優（1946年 - ）
今なおカルトな人気を誇る『ロッキー・ホラーショー』主演でその名を広め、『テルマ＆ルイーズ』など人気作も多い。『デッドマン・ウォーキング』でアカデミー賞主演女優賞を受賞ほかノミネート多数。

第4章
背中を押してほしいときに

物事を動かす魔法の力は
だれにでもあります。
まずは、自分の力を信じることから。

　〝魔法〟と聞くと、おとぎ話の世界で使われる不思議な力や特殊な方法をイメージします。魔法使いのおばあさんたちが杖でエイッとやる感じですね。

　でもじつは、自分の力を賢く操縦して大きな力を発揮することでもあり、Magicには「神秘的な力」に加えて「手品」の意味もあります。

　つまり、自分でちょっと細工するだけで、操作できる力も含まれているわけですね。

　語源になったmagiは元来「賢い者」を表し、mag-を含む言葉はmagnet（磁石）、magnificent（壮大な）など、それだけで〝大きな〟や〝偉大な〟あるいは〝不可思議な〟という意味を含むものも多いのです。

　『ロッキー・ホラーショー』のような、ちょっと摩訶不思議で破天荒な作品にでることも多いスーザン・サランドンはこう言います。

　「私は自分の魔法の力を強く信じてる」

　だれだって、自分でちょっと工夫できる魔法なら駆使できそうですよ。

Chapter
5

友情・人間関係を なめらかに

Smooth out your friendships
and personal relationships

| 人前で不機嫌な顔を
する前に | ああイヤだ、忙しい、どうして私ばかりが……と、自分だけが被害者気分。気づかないうちに不機嫌になって、まわりにも気配りができなくなったら……。 |

№ 43

「不機嫌なのって、
　ずるいでしょう？」

It's not fair to be in a bad mood, is it?

安藤優子　*Yuko Ando*

ニュースキャスター（1958年 - ）
大学生のときにレポーターとしてスカウトされて以来一貫してフリーランスとして活動。日本を代表する女性キャスターで、理想の上司ランキングではつねに上位にランクインする。

第5章
友情・人間関係をなめらかに

自分なりに、感情を
コントロールする方法を見つけよう。
プラス思考のスパイラルで
人間関係も回りますように。

「不機嫌なのって、ずるいでしょう?」と、安藤優子さんは著書で語っています。その理由はといえば……。
「不機嫌だと、まわりが気を使ってくれるじゃないですか。それはずるいと思うし、子どもじみていると思う。自分の感情や体調をコントロールできる人になりたいと思ったんです。つまり、〝コントロール〟と〝成熟〟って、私の中では同義語なんです」

確かに、不機嫌な人間はまわりの人間を振り回し、まわりも機嫌をとるだけでぐったり。結局は、機嫌の悪い本人も決まり悪い思いをするだけです。

「あなたがどんどん腐っていけばいくほど、あなたに対して、イヤな感情がまとわりついていくよ」と安藤さんは友達に言われたことがあるそうです。

イヤな感情がイヤな感情を呼んで、マイナス思考のスパイラルにはまりこんで、もうぐるぐる。

自分をコントロールできれば立派な大人。素敵な女性になれそうです。

相手をやりこめるためのコツ

人との議論でエスカレートして言い争うよりも、つねに上手になって、まわりにあなたの勝ちを認めさせるほうが、ずっと理想的。だから……。

№ 44

「とどめを刺すやり方を覚えるのではなく、相手をもてあそぶやり方を覚えなさい」

Learn to string difficult people along rather than quickly going in for the kill.

上野千鶴子　*Chizuko Ueno*

出典:『東大で上野千鶴子にケンカを学ぶ』(遙洋子 2000年 筑摩書房)

社会学者(1948年 -)
東京大学名誉教授。『近代家族の成立と終焉』でサントリー学芸賞、2011年朝日賞受賞。日本社会学会理事、日本学術会議会員などをつとめる。『おひとりさまの老後』(法研)ほか、話題の著書多数。

第5章
友情・人間関係をなめらかに

とどめを刺さずにもてあそぶ。
一枚上手になることで、
相手をギュッとやりこめよう！

　論客として有名な上野千鶴子さんは、議論の仕方として「相手にとどめを刺してはいけません」と教えています。

　〝とどめを刺す〟とは穏やかではありませんが、とどめを刺したら、関係を断ちきることになり、自分だって嫌われます。

「その世界であなたが嫌われ者になる。それは得策じゃない。とどめを刺すやり方を覚えるのではなく、相手をもてあそぶやり方を覚えなさい」

　相手をもてあそぶ……つまり〝一枚上手になりなさい〟ということ。

　たとえば多くの言葉や知識を自分の中にたくわえておいて、たくさんの引きだしから〝ならばコレ〟で返し、さらに相手の上を行く。

「議論の勝敗は本人が決めるのではない、聴衆が決めます。相手をもてあそんでおけば、勝ちはおのずと決まるもの。それ以上する必要も、必然もない」

　これが議論で、勝つための極意ですよ。

身近な人とうまくいかないときに

親しいがゆえに、わかりあったつもりで言葉にもせず、つい適当な接し方をしてしまったり……こうして少しずつ関係にズレが生じてしまいます。

№ 45

「家族でも友人でも、
　自分なりの責任や
　誠意みたいなものを持っていないと、
　関係は成り立っていかないと
　思うんです」

If you lack responsibility and sincerity,
you can't sustain a relationship,
even with family and friends.

松嶋菜々子　*Nanako Matsushima*

女優（1973年 - ）
『GTO』で人気を不動のものにして以降、『救命病棟24時』シリーズ、『やまとなでしこ』、映画『ゴースト』など数多くの作品で主演をつとめる。近年はドラマ『家政婦のミタ』が大ヒット。俳優・反町隆史と結婚し2児の母。

出典：『東京カレンダー』
2009年10月号

第 5 章
友情・人間関係をなめらかに

親しい人とも信頼関係と感謝が基本。今日は素直に「ありがとう」「うれしい」と言ってみよう！

　積み木を積みあげてみましょう。できるだけ高く、崩れないように。そのためには基礎を安定させて、ズレないように積みあげていかないと、いずれ崩れてしまいます。人間関係もこれと同じで、〝信頼という基礎〟の上に丁寧に積み重ねていくことで創りあげられます。
「家族でも友人でも、自分なりの責任や誠意みたいなものを持っていないと、関係は成り立っていかないと思うんです」と松嶋菜々子さん。親しい間柄では、許してもらえるという甘えから〝なんとなく〟ですませてしまいがちです。そこでズレが生じます。人気俳優同士の結婚は難しいとされる中で、ふたりの女の子を授かり、仕事も私生活も安定した印象の彼女ならではの誠実な言葉です。そして、彼女がもうひとつ大切にしているのは……「とにかく気持ちを素直に伝えること」。
　うれしい、ありがとう……。特に感謝の気持ちこそ、素直に表現したいもの。
　素直さと誠実さ。親しい間柄でも大切に。

| 孤独を感じるときに | たくさんの人と知りあい、SNSで気軽に賞賛ボタンを押してもらうより、心から心配してくれる人、信じられる人がひとりいることが、うれしいときもあります。 |

№ 46

「私を心から 信じてくれる人がいたら、 奇跡すらおこせるわ」

If I have someone who believes in me,
I can move mountains.

ダイアナ・ロス　*Diana Ross*

歌手(1944年 -)
シュープリームス時代とあわせて18曲で1位を獲得し、史上2位の記録を打ち立てるなど、米国でもっとも成功したアフロ・アメリカンの女性歌手のひとり。『イフ・ウィ・ホールド・オン・トゥゲザー』は日本でも大ヒットした。

第5章
友情・人間関係をなめらかに

人生の長い時間、
信頼しあえる友人を見つけて大切に。
その人の存在が、
心の支えとなってくれそうです。

　シュープリームスという伝説のボーカルグループでヒットを連発し、チャートの1位獲得数でビートルズに次ぐ記録をもつダイアナは、世界の大スター。たいていのスターは、結婚生活や子育てで問題を抱えることが多いものの、彼女は5人の子どもを育て、スターの中ではもっとも子育てに成功した人だと言われています。

　マイケル・ジャクソンのデビュー前から、まるで母親のように世話をして、すでにスターであった自分の名前を使ってジャクソン5を世に出したのも彼女。そんな長い間の信頼もあって、マイケルが亡くなったときに、「自分の母親が子どもたちの面倒をみられなくなったときには、ロスを子どもの後見人に」という遺書が見つかったほどの信頼をえていました。

　生前も「彼女にはプライベートの秘密すら話せるんだ。彼女も秘密を打ち明けてくれるしね」とお互いの信頼関係を語っています。

　こんな信頼関係を築ける人がいるだけで、奇跡すらおこせる自信がもてるはず。

| まわりの人に
お手本を探すときに | まわりの素敵な人、スゴイ人をお手本にしてその人から吸収。そして教えてもらえるときには素直に教えてもらいたいものです。 |

№ 47

「素敵な女性たちからの教えを
　自分の中で消化して
　私自身も何か伝えたい」

I'd like to ingest the ways of wonderful women
and also share something of my own.

天海祐希　*Yūki Amami*

出典：『CinemaCafe.net』
2011年11月

女優（1967年 - ）
宝塚歌劇団の元月組男役トップスター。天海以降入団7年で男役トップに。特別に華やかな存在だった。退団後は流行語大賞「アラフォー」の元となった『Around 40』など数々のドラマに主演。

第5章
友情・人間関係をなめらかに

素敵な人から吸収したら、
自分なりにアレンジ。
反面教師からの教えは
削ぎ落とすことも、忘れずに。

「まわりの言葉に素直に耳を傾けられる、バランス感覚ってすごく大切」

　確固たる自分をもって、流されない気持ちは必要です。でも、まだまだ伸びる〝伸びしろ〟があるときに、〝いいえ私はこう〟と、頑なになってしまったら、ただの融通がきかない我が強い人ですよね。

「若いうちから自己流だけに囚われるのはもったいない。世の中にはたくさんの可能性があって、先輩方はそれを教えてくれるんだから」

　まわりの素敵だな、スゴイなと感じる人たちから技術を盗んだり、吸収したり、もし教えてもらえるなら素直に耳を傾けたほうが絶対に得。そこから、自己流にアレンジすればいいんですから。

「小股の切れ上がった感じの女優さんたちが、粋で素敵で大好き」

　素敵な女性から吸収して表現するのが天海祐希というスターのあり方。教えを受けて真似てみたら、いい女っぷりを分けてもらえそうです。

信頼関係を支え続けるもの

他人は自分を映す鏡のようなもの。自分がしたことがその人に映しだされます。そして、信頼関係そのものもまた同じこと……。

Nº 48

「信頼とは、
　鏡のようなもの」

Trust is like a mirror.

レディー・ガガ　*Lady Gaga*

歌手（1986年 - ）
デビュー・アルバム『ザ・フェイム』は1500万枚以上売り上げ、シングル『ジャスト・ダンス』『ポーカー・フェイス』は世界のチャートで1位を獲得。MTV Video Music Awards 2010では歴代2位の8冠を達成。

第5章
友情・人間関係をなめらかに

「人間関係の取扱説明」の例は――
鏡のように繊細で、くもることもあれば、
案外簡単にヒビも入ります。
大切に取り扱いましょう。

「信頼とは、鏡のようなもの。壊れても修理できるけれど、それでも後味の悪い割れ目を映し続けるの」

　鏡に割れ目が入るとヒビは残り、映る姿がゆがみ、ズレが生じます。人間関係に置き換えても、同じことがおこりますよね。いつも時間や約束を守らない、信用できない、自分本位……といった人には割れ目が映しだされ、その人との間にはゆがみが生じて、100パーセントの信用はできなくなります。

　レディー・ガガは音楽にも学業にも才能を現し、飛び級で大学に入学するなど優秀でしたが、風変わりな話し方や振る舞いから、いじめを受けることもありました。

　成功して力をもった今、ガガはその人たちに向けてではなく、そうした行為を行う社会に対して、いじめ撲滅などの活動を展開しています。やった本人は覚えていなくても、そこに割れ目は存在し続けるのです。

　人間の信頼関係は、その時々を大切に。一度できた割れ目は消えませんよ。

| お金に対する意識を考えるときに | ほんの少し借りただけ、ちょっとおごってもらっただけ……ところが、人間関係には大きな影響を与えるものなのです。 |

№ 49

「お金って、つまり『人間関係』のことでもあるんだよ」

Money mirrors the human relationship itself.

西原理恵子　*Rieko Saibara*

漫画家（1964年 - ）
『ぼくんち』で文藝春秋漫画賞、『毎日かあさん　カニ母編』で文化庁メディア芸術祭マンガ部門優秀賞、『上京ものがたり』『毎日かあさん』で手塚治虫文化賞短編賞、『毎日かあさん』で日本漫画家協会賞参議院議長賞受賞。人間味あふれる作風で人気。

第5章
友情・人間関係をなめらかに

"おごってもらって当たり前"は、
卑屈な精神の芽生え……。
自分なりの金銭感覚を磨いて、
お金と付きあっていこう。

「お金との接し方は、人との接し方に反映する」と西原さんは『この世でいちばん大事な「カネ」の話』（角川文庫）で綴っています。

人におごってもらうと、ぺこぺこと頭を下げて卑屈になり、それが習慣化することで人間はダメになる。友達同士でも、いつも自分が払わないうちに、人間関係が対等ではなくなっていくものです。

それは、男女間でも同じこと。ご馳走になることで、どこか引け目がでてくるし、根本の考えがゆがんできます。「なぜ若い女の子は、おごってもらって当たり前なの？」と、本当なら疑問に思って当然のことなのに、当たり前で何も感じなくなったら、人間としての卑屈さが芽生えてきた証拠。

「女の子だって、ワリカンくらい当然な気持ちでいなさいよ」と西原さん。

自分なりの金銭感覚を磨いて、お金との付きあい方を見直すのは大切なこと。お金にルーズだと人も離れていくから、卑屈になりそうですもんね。

人を「いいな」と思ったときは

「あ、いいな」と思ったときに、ねたんだり、悔しがったりしても何もえられないどころか、自分もイヤな思いをするだけです。だから……。

№ 50

「誰かを素直にほめる気持ちは、 自分にも返ってくると思うんです」

If you praise someone honestly,
it'll reflect well on you for sure.

篠原涼子　*Ryoko Shinohara*

女優、歌手（1973年 - ）
『恋しさと切なさと心強さと』が220万枚を超えるメガヒットとなった。テレビドラマ『アンフェア』のヒットから映画版でも映画初主演をつとめるなど人気を博し、第44回ギャラクシー賞個人賞受賞。夫は俳優の市村正親。2児の母。

第5章
友情・人間関係をなめらかに

人のいいところに目を向けよう！ 肯定の気持ちは、 きっと自分に返ってきますよ。

　不思議な魅力がある女性です。彼女に感じられる特殊なフェロモンは性的なものだけではなく、科学的にいう外敵の存在を知らせ、仲間を呼び寄せる、さまざまな個体への影響を総称したソレなのでしょう──篠原涼子さんは、やわらかな雰囲気と、凛とした強さの両方を兼ね備えています。ゆらゆらして見えながら、芯が強い。理想の上司像に挙げられながら、今では理想の母親像でもあります。人を惹きつけてやまず、守ってあげたくさせながらも、頼りたい存在……特別な感情や行動をうながす雰囲気をもちあわせるのです。

　プライベートでも幸せいっぱい。何もかもが順風満帆に見える中、じつはそこには彼女なりのハッピーの秘訣が存在するそうです。それは……「人のことをほめられる心の余裕や、人としての器は持っていたい」。

　相手を敬いほめる気持ちは、反射して必ず自分にも返ってくるもの。

　天性の雰囲気だけじゃない、素直にほめる〝心がけ〟。これが、幸せ感漂う素敵な女性への第一歩ですよ。

| ふくれっつらに
なる前に | 穏やかで、そばにいるだけで癒やされる雰囲気をもつ人がいたら、だれでもその人の側にいたくなるものです。 |

№ 51

「幸せな人ってだれでも、
　ほかの人も幸せにするわ」

Whoever is happy will make others happy.

　　　　　　　　アンネ・フランク　*Annelies Marie Frank*

『アンネの日記』著者（1929 – 1945年）ナチスから逃れるため知人宅の裏部屋に８人で隠れ住むが、強制収容所で15歳で命を落とす。潜伏生活で書いた『アンネの日記』は10代女性の「読んでよかった伝記ベスト５」に入るなど、今も人気を誇る。

第 5 章
友情・人間関係をなめらかに

幸せな人は、人を癒やして
さらに幸せと人を呼ぶ。
イライラぎすぎすとは、さようなら。

　マンボウという魚は、弱っているときに身体から不思議な液体を出して、自分で体を治癒するんだそうです。だからマンボウのまわりには体の弱った魚が集まってくるんだとか。

　近くにいるだけで傷を癒やしてもらえるんですね。

　幸せな人というのは治癒してくれるオーラを出しているのか、まわりに人が集まってきます。だれもが癒やされ、楽しい気分になれるから。

　逆にイライラした人のまわりにいると、こちらまでその棘(とげ)にさされそうで近寄りたくありません。

　自分がダメなときに幸せな気分を分けてもらえば、今度は自分が放つ幸せオーラに人が集まってきてくれます。

　幸せな人のそばにいることで自分も幸せを呼び、人も呼ぶ。アムステルダムの狭い隠れ家で、ひしめきあうように人と暮らし必死に生きた、15歳のアンネに学ぶ、幸せな人の治癒効果でした。

| 自分の存在を認めて もらいたいときに | 同じものを同じ場所から見ているはずが、少しだけ人と違った角度から物事を見られる人がいます……。 |

№52

「かけがえのない存在になるためには、
　人と同じじゃダメなのよ」

In order to be irreplaceable,
one must always be different.

ココ・シャネル　*Coco Chanel*

ファッションデザイナー
（1883年 - 1971年）
帽子アトリエの成功でファッションデザイナーへ。窮屈さから女性を解放する「シャネルスーツ」を生みだす。一時は退いたデザイン界に復帰するも不評を買うが、渡米し再度成功を収める。

第5章
友情・人間関係をなめらかに

新しい視点をもつために、今まで言われてきた概念を、まずは疑ってみよう。

　靴を売ろうとアフリカの村に行ったら、だれも靴を履いていません。さて、あなたならどう考えますか？
1．だれも靴を履いていないんだから、
　　ここでは靴は売れない。
2．だれも靴を履いていないんだから、
　　みんなが靴を買ってくれる。

　どちらの可能性も考えられますが、シャネルは２のタイプでした。

　普段着だったジャージー素材でスーツをつくったら、オシャレな女性は見向きもしない……どころか、大人気に。お葬式でしか着ない黒を日常の洋服に仕立て、ただの飾りだったポケットに実用性をもたせ、それまでドレスやコルセットで窮屈な服装だった女性たちを、楽な服装にしたのです。〝今までだれもしていないからダメ〞ではなくて、そこにこそマーケットはあったんですね。

　〝当たり前〞に対して違った視点をもつ人を、だれかと置き換えるなんてできません。仕事も、恋も、人間としても、独自の存在であり続けなくちゃ。

つい大口を たたいてしまうとき

大きなことを言ってもらうと、ついうれしくなります。でも言葉だけで実現しないより、本当にしてもらえる小さなことのありがたさが、どれほど身に沁みることか……。

№ 53

「小さくても実際の行動のほうが、 大きな約束より価値があるものよ」

An ounce of performance is worth pounds of promises.

メイ・ウエスト　Mae West

女優、作家(1893年 - 1980年)
アメリカ映画協会の映画スターベスト100の15位。チャップリンに「女から男を奪う女性」と言わしめる色気をもつ。ビートルズの名盤『サージェント・ペパーズ・ロンリー・ハーツ・クラブ・バンド』のジャケットにも登場。

第5章
友情・人間関係をなめらかに

人間関係は信頼から。
はなからムリな約束よりも、
誠実な行動を。

　イソップ寓話に「できないことを約束する男」というお話があります。

　貧しい男が病気になって、いよいよ医者からも見放されたとき、神々に「よくなったときには牛100頭とたくさんのお供えを差しあげます」と約束をしました。奥さんが「どうやって用意するの？」と聞くと、「なおりさえすれば、知ったことじゃない」と話しました。つまり、「お礼なんかしないよ」と、はなから守るつもりのない約束をしたわけです。

　ここにあるのは、「実現不可能なことほど安易に口にしてしまう」という心理。現実的なことを言うほうが、それを守らなかったときの罪悪感が残るんですね。〝口先だけの牛100頭〟よりも、本当に連れてくる牛１頭のほうが、ずっと価値があります。

　メイ・ウエストは、派手でセックスシンボルとされた芸能生活とは裏腹に、私生活は堅実でした。メイだったら、何よりも「できないことを約束する男なんて、とっとと別れたほうがいいわ！」と言いそうです。

Chapter 6
疲れちゃったときに
For when you get tired

思いどおりに物事が進まないときに

物事が進まなくて思いがけない方向に向かってしまい、どこか道に迷ったような気分になることがあるかもしれません。でも……。

№ 54

「人生とは、
　何かを計画しているときに
　起きてしまう、
　別の出来事のこと」

Life is what happens to you
while you are making other plans.

シリア・ハンター　Celia M. Hunter

自然保護活動家（1919年 - 2001年）
女性パイロットとして活躍中、自ら訪れたアラスカの大自然に魅入られ、ロッジのキャンプ・デナリを建設。写真家・星野道夫氏らとも親交があった。北極圏での核実験計画を阻止するなど、自然保護運動の先駆者的存在。

第6章
疲れちゃったときに

計画どおりに進まなくても、きっと別の出来事がおこっているはず。あとは、ソレと気づくだけです。

シリアは、猛吹雪の中を27日かけて、やっとの思いでアラスカのフェアバンクスに到着しました。その飛行が、彼女の人生を大きく変えたのです。

じつは、当時の女性パイロットは飛行区間が限られ、アラスカまで飛べませんでした。でも、「男の同僚が話すその地をこの目で見たい」という一心で、アラスカまでの軍機輸送飛行機に同乗させてもらったのです。

そのとき目にしたアラスカの大自然に魅せられ、彼女はマッキンレー山麓にロッジを建てて暮らしはじめます。キャンプ・デナリとして知られるそのロッジは、さまざまな人々が出会う貴重な場所になり、そこでシリアは日本人写真家の星野道夫氏らとも交流しました。そして自然保護運動の先頭に立ち、乱開発や核実験場計画から自然を守ることに貢献していくのです。

「同僚が話す風景が見たい」という好奇心が、思いがけず彼女を自然保護活動に導きました。計画とは別の出来事で進んでいくのが人生。自分の中での万策尽きても……ほら、思いがけない出来事が明るい未来へと導いてくれていますよ。

失敗が頭にこびりついて離れないときに

ああ、やってしまった。失敗をすることで、自分の評価が下がるだけでなく、まわりにも迷惑をかけてしまいます。どうしよう……。

№ 55

「元気を出しなさい。
　今日の失敗ではなく、
　明日訪れるかもしれない
　成功について考えるのです」

Be of good cheer.
Do not think of today's failures,
but of the success that may come tomorrow.

ヘレン・ケラー　*Helen Keller*

教育家、社会福祉事業家
（1880年 - 1968年）
２歳のときに高熱により視力・聴力を失い、話すこともできなくなったが、グラハム・ベルの紹介で家庭教師アン・サリバンと出会い、話せるようになった。戯曲『奇跡の人』のモデルとなった人物。

第6章
疲れちゃったときに

プラス思考のきっかけをつかめば気持ちも晴れやかに。

　雪だるまをつくるとき、最初は小さな雪の塊を手の平で固めて、転がすうちにどんどん先にある雪がついて大きな塊になっていきます。

　それと同じで、ひとつの失敗をくよくよ考えだすと、どんどん大きなマイナスの塊ができてしまいます。

　そう、夜中に思いだしたたったひとつのイヤな出来事で、次から次へとイヤな思考に陥っていく〝あの状態〟ですね。

　だから、失敗は学びだと考えてみるんです。まずはそこから何を学んだかを考えてみて、あとは学んだことから「こうしたら、次はうまくいくんじゃないかな」といった方向に、考えを転がしてみましょう。

　明日訪れるかもしれない成功を考えると、ワクワクしてきませんか？　このワクワク感が、また次の「うまくいく」をたぐり寄せてくれるはず。

　ヘレンも言っています「元気を出しなさい」と。

　まずは、元気を出すこと。そこからはじまります。

| 人生を窮屈に感じるときに | いろいろな規則に従うことは大切。でも、ガチガチになっていると疲れてしまいます。ときにはほんのちょっとだけハメをはずしてみよう。 |

№ 56

「すべての規則に従ってたら、
　楽しみなんて何ひとつなくなるわ」

If you obey all the rules, you miss all the fun.

　　　　　　　　キャサリン・ヘップバーン　*Katharine Hepburn*

女優（1907年 - 2003年）
飾り気のないスタイルと個性的な魅力、その演技力で万人から愛された演技派女優。アカデミー賞主演女優賞受賞4回という最多記録をもつ。ノミネート数も12回で歴代2位。

第6章
疲れちゃったときに

たまには、自分の規則を
ゆるめてみよう。規則にだって
例外はつきもの、くらいにね。

　ある少年が、油が２滴入ったスプーンをもって宮殿を歩いて回ってくるように言われました。少年は言われたとおりにスプーンの油をこぼさないことだけを考えて、部屋を回って戻ってきました。そして次に、宮殿を眺めながら歩くように言われると、今度は天井や壁のすばらしい芸術品に気づいて楽しみました。でも、今度は油がなくなっていました──。

　これは『アルケミスト』（角川文庫）の中のお話の一節です。

「幸福の秘密とは、世界のすべてのすばらしさを味わうこと」。そのうえで「スプーンの油のことを忘れないこと」だと賢者からの教えを受けて、少年は、自分が小さなことに気をとられすぎて、まわりに目を向けられなかったと気づきます。規則どおりのことだけにとらわれていたら、絵なんて楽しむ余裕はありませんよね。

　キャサリンも言うように、ときには少しくらい油をこぼしたっていい、くらいに自分をゆるめてあげなくちゃ。ただし、油が全部なくならない程度に、ですよ。

自分を
甘やかしたい
ときに

なんだか疲れちゃった……そんなときに、こんな心にやさしい言葉のサプリをどうぞ。がんばりすぎたときは、ちょっと多めに服用したって大丈夫。

№ 57

「人生、楽しまなくちゃ！」

Live a little!

映画『ショコラ』より

ジョニー・デップとジュリエット・ビノシュ主演の映画『ショコラ』から。一人ひとりの希望にピタリと合うチョコレートと不思議な力で村人を惹きつけていくフランス片田舎のチョコレート屋さんのお話。

第6章
疲れちゃったときに

心がガチガチなときには
「たまにはいいさ」と、
今日は、もうゆっくり過ごしちゃえば？

　映画『ショコラ』でのお話です。厳格な家庭で育てられた男の子がチョコレート屋さんに来たのに、ママに言われたからとチョコレートを食べようとしません。そこで、おばあちゃんが男の子に「チョコレートケーキはとってもおいしいものだから食べなさい」とうながして、こう言うんです。

　Live a little!（人生、楽しまなくちゃ！）

　Live a littleをそのまま訳したら「ちょっとだけ生きる」。そこから転じて、使われるときには「たまにはハメをはずそう」とか「楽しもう」といったニュアンスに。でも「ちょっとだけ生きる」も、いい響きの言葉ですよね。

　そして、おばあちゃんにこう言われた男の子は、おいしいチョコレートケーキをほおばります。おかげで、ガチガチに堅かった男の子の気持ちも少しずつ溶けていきます……。

　Live a little. ちょっとだけ生きる。たまにはいいさ。

　疲れちゃったときに、甘やかす言葉として。

泣きたいときには

内にたまった感情が、自然にあふれてくることがあります。ときには内から湧きでるものをサッパリと流してしまいましょう……。

№ 58

「ひとりぶんの涙の量は決まっていて、
　私のぶんは使い果たしたのかも」

Maybe you're only allotted a certain amount
of tears per man and I used mine up.

映画『セックス・アンド・ザ・シティ』より

映画『セックス・アンド・ザ・シティ』で、サラ・ジェシカ・パーカーが演じるキャリー・ブラッドショーのセリフ。婚約者が、結婚式直前に逃げだし、それでも思いをふっきれずにいるシーンから。

第6章
疲れちゃったときに

ときどきは「涙を使い果たした」と思うほど、思いっきり泣こう！

　泣きたいときには、自分の涙を使い果たしたと思えるほどに泣けばいい。

　泣くというのは、リラックスや安静をうながす副交感神経が優位になっておこるから、涙を流して泣くときには、ストレス状態が解消されてリラックスした状態になるんだそうです。しかも、運動した後と同じように強い鎮静作用があるエンドルフィンが増えるから、泣いたあとはスッキリ。逆に涙をこらえると緊張した状態が続いてストレスがたまっていくとか。

　だから、思いきり泣くのはいいことなんですね。

　キャリーのように感情を押し殺さずに泣きはらすと、「自分がもつ涙の量って決まっていたのかも」と思えるほど、あるときにフッとふっきれます。

　ただし、人前で駄々をこねて泣くのではなく、自分で責任をもって、ときどきほとばしる感情に従って自分の体を浄化してやるのが大人の女性。

　涙ですべてを流して消す。すると、心も体も驚くほどに解放されますよ。

負のスパイラルにはまったときに

体の中にたまってしまったイヤなことをデトックスする時間は大切。子どものころに母親がしてくれたように、たまには自分で自分の頭をなでて、いい子、いい子……。

№59

「自分を心から愛して、自分を尊重して、大切にする時間は重要よ」

I've learned to take time for myself and to treat myself with a great deal of love and a great deal of respect.

ウーピー・ゴールドバーグ　*Whoopi Goldberg*

女優（1955年 - ）
『カラーパープル』の主役で映画デビューし、『ゴースト／ニューヨークの幻』でアカデミー賞助演女優賞を受賞。『天使にラブ・ソングを…』シリーズで主役をつとめ、女性初のアカデミー賞授賞式の司会に抜擢された。

第6章
疲れちゃったときに

心と体は
時々メンテナンスが必要。
自分のための時間をつくろう！

　気がつくと、自分の体のメンテナンスは後まわしにしていませんか？　ほうっておくと、体にはさまざまな老廃物がたまるもの。

　汗、涙、グチ……すべては老廃物なので、時にはまとまった時間をとって、エステに行ったりスポーツしたり、余分なものは体から出したほうがいいんです。生きていれば、イヤなことはたくさんおこります。ほんの些細なことで相手を傷つけたり、傷つけられたり。言ってしまったひとことに、言わなければよかったと悩んで自分を責めたり、相手の言葉を深読みして、どうしてこんなことを言われるんだろうと考えたり……。老廃物をためこんだ体はマイナス思考の原因に。

　たまにはゆっくりとお風呂に入ったりして汗を流して、悔しければとにかく泣いて、吐きだしたいことは友達にでも吐きだして。

　いつも忙しい自分をいたわってあげたら、最後はウーピーのようなユーモアで笑うこと。

　「私は私を大好きなの……だってほら、私ってクールじゃない？」

| 人生こんなはずじゃなかったな、と思ったときに | 思った人生と違ってしまったなぁ、もっとこうなりたかったな……など、どこか満たされない気分になることがあるでしょうか。 |

№ 60

「今からだって、なりたかった自分になれるわ」

It is never too late to become
what you might have been.

ジョージ・エリオット　*George Eliot*

作家(1819年 - 1880年)
イギリスのビクトリア朝時代の女流作家。男性名で執筆をしたが本名はメアリー・アン・エバンス。代表作に『サイラス・マーナー』『ミドルマーチ』など。写実的で鋭い心理描写が特徴。

第6章
疲れちゃったときに

心の底から夢見れば、
きっと願いはかなうと信じて。
願い＋行動する＝かなう。
まずは自分が望むことから。

　女性としての仕事を認めてもらいにくかった時代に、男性名で作家として活躍したジョージ・エリオットの本当の名前は、メアリー。男性名を使ったもうひとつの理由は、プライベートを詮索されることなく自由に書きたかったから。男性名を借りることで、自由になりたかった自分の夢をかなえたのかもしれません──。そういえば、だれもが知る『星に願いを』という歌がありますが、じつはこんな歌詞だったんです。

When you wish upon a star,

Makes no difference who you are,

Anything your heart desires,

Will come to you.

星に願いをかけたなら

だれでも夢はかなうもの

心が望めばどんなことでも

きっと願いはかなうでしょう

　心が折れそうなときのおまじないとして。

| 人生を変えたいなと思ったときに | 今を抜けだしたい。そうすれば、何かいいことがおこるかもしれないのに……そう思っているとしたら、見逃してはいけない局面があるのです。 |

№ 61

「人生ってどこか
　オセロゲームにも似て、
　お先真っ暗だった局面が、
　前触れもなくパタンパタンと
　ひっくり返り、
　目の前が開けるような瞬間があるの」

Life is like an Othello game.
There are times when everything looks black and then,
without warning,
little by little the landscape changes
so everything you see is white.

大楠道代　*Michiyo Okusu*

女優（1946年 - ）
日本のファッションブランドの先がけ「ビギ」の代表大楠祐二と結婚し、芸名も大楠道代に改名。女優活動を一時休止。復帰後、多数の映画賞を受賞。近年は『人間失格』『大鹿村騒動記』などに出演。

第6章
疲れちゃったときに

たった一手で大逆転だって
ありうるのが人生。
自分の思うとおりに、
出会った局面を生きてみよう。

「人生はゲームにも似て、大逆転があるからおもしろい」

　大楠道代さんは女優として活躍していますが、一度は専業主婦になって家庭に入った経験をもちます。結婚という「降ってわいた」チャンスを素直に受けとり、オセロのコマを全部パタンとひっくり返したのです。

　そしてやったこともない料理をしてみたら……これが案外おもしろくてハマり、どっぷりと主婦業に専念してしまうのです。

　ところが、もう一度オセロの面をパタンとひっくり返し、女優に復帰を果たしました。

「目の前に分かれ道があったとしたら、安全な道に逃げこむのではなく、自分の魂が振れる方向に歩いていってほしいと思う」と大楠さんは言います。

　自分の本能に従って、自分の心の声に耳を傾けていくうちに、自分の進むべき方向がわかってくるものです。

　その道を進んだのなら、何がおころうが、後悔はしないはず。

| 幸せを感じられない ときに | 社会の基準とか、人と比べてどうとかではなくて、大切なのは「自分が満たされること」。それが幸せというものなんです。 |

№ **62**

「幸せっていうのは、
　境遇じゃなくて、
　心のもち方しだいなの」

The greatest part of happiness depends on our disposition,
not our circumstances.

マーサ・ワシントン　*Martha Washington*

米国初代ファーストレディ
(1731年 - 1802年)
初代米国大統領ジョージ・ワシントンの妻。農園での穏やかな生活を望みながらも、2期の任期中は国の正式な女性代表者としてつとめを果たした。

第6章
疲れちゃったときに

小さな「幸福感」に満たされたときを思いだしてみよう。

　豪華なステーキがありました。Aさんは、お金持ちだから毎日おいしいものを食べて、もう飽き飽き。ある日Aさんは「おにぎりが食べたいなぁ」と思って普通のおにぎりを食べたら幸せな気持ちになり、満足でした。

　まわりから見れば、お金があっておいしいステーキを食べてうらやましい限りです。でも、自分が満足しなければ幸せじゃありません。むしろ普通のおにぎりでも、自分が満たされれば幸せです。

　つまり、世の中の基準がどうあっても、結局はその人が満たされることが大切なんですね。

　マーサ・ワシントンは、アメリカ初代大統領ジョージ・ワシントンの奥さんだった人物。でも、彼女にとっては名声のあるファーストレディであるよりも、じつは農園を切り盛りするほうがよかったんだそうです。

　だけど心を切り替えて、任期中は大統領夫人としての幸せを模索しました。だって、幸せっていうのは境遇ではなくて、心のもち方しだいなんですから。

| どうしてこうなって しまったんだろうと 思うとき | 自分におこることは、なぜ自分におこったのか、なぜこうなったんだろうかという理由がわかれば、解決することだってあります……。 |

№ 63

「おこったことには、
　すべて理由があると思うの。
　それがなぜおこったかの
　理由を見つけることが大切」

I believe that everything happens for a reason,
but I think it's important to seek out the reason.

　　　　　　　　ドリュー・バリモア　*Drew B. Barrymore*

女優(1975年 -)
『E.T.』の天才子役として注目され、『チャーリーズ・エンジェル』シリーズや『ラブソングができるまで』などに出演。『グレイ・ガーデンズ　追憶の館』でゴールデングローブ賞主演女優賞受賞。

第6章
疲れちゃったときに

こんがらがった毛糸も
必ずほどけます。
おこった理由を考えてみると、
きっと解決の糸口が。

　猫に毛糸の玉をあげると……遊びはじめて、あっという間にこんがらがっていきます。傍から見ていれば「そりゃそうなるよ」と一目瞭然。

　人の因縁というのも、そんなもので、本人だけが気づかずに戯れに絡ませてしまうことも多いものです。

　ドリューは生後11ヵ月でCMに出演し、7歳のときには世界的に大ヒットした映画『E.T.』で天才子役としてその名を知られることになりました。それがいじめを受けるきっかけになって飲酒、喫煙、ドラッグ、自殺未遂を繰り返しました。自分の自堕落は母親のせいだと考え、15歳のときに母親からの独立を裁判で訴えて成人として認められます。独立したドリューは、アルバイトで生活しながらオーディションを受け、再び作品に恵まれはじめ、母親とも和解。『チャーリーズ・エンジェル』で再ブレイクを果たしました。

　本当ならスター街道まっしぐらだったのが、どこかで糸がこんがらがり……でも、自分でおこったことの理由と解決の糸口を見つけたんですね。

くじけそうなときに | 夜明け前は一番暗く、朝になれば明るい光が差しこんできます。そして、昨日とは違う風が新しい一日を運んできてくれます。

№ **64**

「明日は明日の風が吹く」

Tomorrow is another day.

マーガレット・ミッチェル　*Margaret Mitchell*

作家（1900年 - 1949年）
交通事故で外にでられない時期に書きあげた南北戦争時代の一大叙事詩『風と共に去りぬ』が、当時は聖書を超える世界的な大ベストセラーに。「明日は明日の風が吹く」は今も語られる名セリフとなっている。

第6章
疲れちゃったときに

何があっても、明日はまた
新たな風が吹きこみます。
きっと今日のイヤな出来事を、
吹き飛ばしてくれますよ。

　このセリフは、映画の最後に主人公のスカーレット・オハラが生きる力を振り絞って言うものです。

　裕福な家庭で何不自由なく育ったスカーレットは、戦争で何もかもなくし、家族や使用人の飢えの心配をしながら綿花畑を切り盛りし、成功を収めるまでになりました。ところがこの間に両親を亡くし、子どもを失い、そして子どものころから恋するアシュレーと夫レット・バトラーの間を揺れ動くことで、夫は「俺の知ったこっちゃない」と彼女のもとを去っていきます。

　これは、スカーレットがすべてをなくして泣き崩れる中で、ふと、ふっきれたように顔をあげてつぶやくセリフです。

「何があっても、明日は明日の風が吹く」

　先が見えなくてめげようが、結局スカーレットは生きていかねばなりません。気持ちが折れそうなときのために、力がでないときに自分をはげましたスカーレットの言葉を胸に——明日は、きっと違う風が吹くんです。

自分を見失いそうな	仕事や人前での自分をつくってくれるのは、じつは公の場ではなく、充実したプライベートの時間なんです。
ときに	

№ 65

「ひとりの時間に自分を取り戻すの。
　キャリアは公の場で生まれ、
　　才能は私生活から生まれるものだから」

I restore myself when I'm alone.
A career is born in public, talent in privacy.

マリリン・モンロー　*Marilyn Monroe*

女優（1926年 - 1962年）
映画『ナイアガラ』でヒップを振って歩くモンロー・ウォークで注目を集め、『紳士は金髪がお好き』『百万長者と結婚する方法』『七年目の浮気』が大ヒットして一躍トップスターとなった。

第6章
疲れちゃったときに

ときには、ひとりでゆっくり時間を過ごしてとがった神経を休ませて。仕事ばかり、人の世話ばかりでは、自分の魅力が引きだせなくなりますよ。

　マリリン・モンローといえば、ジョン・F・ケネディ大統領（当時）と浮き名を流し、最後は謎の死を遂げた、ハリウッドのセクシー女優。有名なのは、映画『七年目の浮気』で地下鉄の通気口に立ち白いスカートがフワリと浮き上がるシーン、それから「モンロー・ウォーク」という歩き方です。

　映画『ナイアガラ』では、ヒップを振ってハイヒールで歩く姿が大変な話題になりました。

　じつは、そこには彼女ならではの努力と天性のカンがあったのです。一説では彼女は片方のハイヒールを削って左右のヒールの高さを変えることで、自然とヒップが振れるようにしたと言われています。しかもこの映画、当時は最長と言われた歩くだけのシーンも登場し、映画史に残る作品となりました。

　自分の魅力と存在を存分にアピールするカンにも優れたマリリン。その才能も力も、自分の時間を大切にする中から生まれてきたわけですね。

繰り返される毎日に刺激がほしいときに	毎日同じ道を通って、電車や車で決まった場所に向かう日々。変化のない出来事が続き、刺激が感じられないときの特効薬として……。

№ 66

「今日は、
　今までしなかったことを
　しましょうよ」

We can spend a whole day doing things
we've never done before.

映画『ティファニーで朝食を』より

トルーマン・カポーティの同名小説の映画化作品。ティファニーに憧れる、自由奔放なコールガールのホリーに、青年作家ポールが恋をする物語。オードリー・ヘップバーンが主役を演じ歌った『ムーン・リバー』は今も定番の名曲。

第6章
疲れちゃったときに

今日ははじめてのことをしよう！
たとえば、乗ったことがない
バスに乗ってみる──そんな些細なこと。

映画『ティファニーで朝食を』は、オードリー・ヘップバーンが気ままな女性ホリーを演じ、黒いドレスに髪を結い、長いキセルをもつ写真が有名。

このセリフは、一作書いたきりでヒモ生活を送っていた作家ポールがホリーを題材に執筆、その作品が出版社に採用されて、お祝いするシーンから。ちょっと贅沢をして「朝食前のシャンパンははじめてだ」という言葉から、ホリーがこんなことを思いつくんです。

「今日は、今までしなかったことをしましょうよ」

ホリーは、外から眺めていただけのティファニーの店に入り「ここに不幸なんてないでしょ」と、そこにある幸福感に満たされ、今まで入れずにいた図書館にも入館。一方でポールは10セントショップで万引きをしたり……と、たわいもないことでデートを楽しみます。

「今までしなかったことをする」なら何をしましょう？ 考えてみるだけでも気持ちが切り替わりそうです。そして、思いきってやってみたら、よかったと思えるかもしれませんよ。

Chapter

7

きれいとオシャレのコツ

Tips for beauty and fashion

| 美のメンテナンスが
めんどうなときに | 言い訳はあれこれ。疲れているから、仕事が忙しいから、家のことがあるから……。でも気持ちがゆるんだとたんに、すべてはゆるんでいくようです。 |

№ 67

「サボれば、サビる」

If you rest, you rust.

ヘレン・ヘイズ　*Helen Hayes*

女優（1900年 - 1993年）
5歳で初舞台を踏み、9歳でブロードウェイに進出。以降〝ブロードウェイのファーストレディ〟と称され、劇壇で愛され続けた。映画『マデロンの悲劇』でアカデミー賞主演女優賞を受賞。

第7章
キレイとオシャレのコツ

サビつかせる前に、日々のお手入れを。毎日少し磨くだけで、やがて輝きを増すように！

　ダンスは、1日休むと体を戻すのに3日かかり、2日休めば1週間かかると言われます。体がかたくなったり、カンを戻すのに時間がかかったりするからですね。ミュージカル出身のヘレンは、これを身をもって知っていました。

　グラマラスなゴージャスさを求められるアメリカのミュージカルスターでありながら、ヘレンの身長はたった155センチほど。日本のアイドルのような明るい瞳と愛嬌のある表情だけで、ゴージャスなスターの中で太刀打ちできる雰囲気ではありません。ところが彼女は、役に応じて強く、重厚で、華やかなオーラを放つことができたため、アメリカの劇場の3大スターに数えられるまでになりました。

　技術も能力も美貌も保つためには、あらゆる努力をし続けることが必要です。お手入れを怠れば容姿はあっという間に劣化しますし、仕事だって運動だって、サボったぶん、カンを戻すのは大変。

　サボれば、サビる。でも、お手入れさえすれば、輝きは増すんです。

何を着たらいいか
わからないときに

自分のコンプレックスは味方に変え、時と場所と場面にあわせて、自分を引きたてる要素を考えてみること。すると……。

№ 68

「手に入れたいものに
　ふさわしい服装さえしていれば、
　人生で欲しいものは
　なんでも手にすることができるわ」

You can have anything you want in life if you dress for it.

イデス・ヘッド　*Edith Head*

衣装デザイナー（1897年 - 1981年）
映画衣装にシンプルなデザインをもちこんだ衣装デザインの第一人者。代表作に『ローマの休日』『麗しのサブリナ』『明日に向かって撃て！』『スティング』など。アカデミー賞衣装デザイン賞8回受賞。

第7章
キレイとオシャレのコツ

自分らしさを引きだしながら、その場にふさわしい服装を。それだけでも、自分に自信がもてるはず。

　映画『ローマの休日』でオードリー・ヘップバーンがベスパでローマの街を走り抜けるシーンは、映画史に残る名場面。首に巻いたスカーフがオシャレ感を醸しています……が、じつはこのスカーフ、オードリーの鎖骨を隠すための苦肉の策だったのです。

　当時、豪華絢爛な衣装が多かったハリウッド映画に、イデスはシンプルで美しいデザインをもちこみ、女優のスタイルの弱点をカバーする手腕が広く知られるようになりました。

　当時の人気女優らは「撮影終了後にイデスがデザインした衣装をもらえること」を契約条件に加える者も多かったそうです。

　女優からモナコ王妃になったグレース・ケリーの衣装も手掛け、ハネムーンに出かける際のグレースはイデスがデザインしたスーツと長手袋を身に着けました。エリザベス・テイラーは彼女のデザインで「はじめてスタイルの弱点を補えた」と喜んだといいます。

　自分らしさと美を育む服装は人を引きたて、自信すら生みだすんですね。

| セクシーさを演出したいときに | 女性らしい魅力のひとつは体の丸みやふくらみ。でも、女性らしさを引きたたせることは、体を露出することや見せることだけではないのです。 |

N° 69

「セクシーさって、
　見せないほど効果的。
　隠すことで、より想像を
　かきたてるものなのよ」

My idea of sexy is that less is more.
The less you reveal the more people can wonder.

エマ・ワトソン　*Emma Watson*

女優（1990年 - ）
映画『ハリー・ポッター』シリーズのハーマイオニー役として11歳でデビューし、数々の賞を受賞。大学に通いながら、シャネルのココ・マドモアゼルやランコムなどのイメージキャラクターもつとめる。

第7章
キレイとオシャレのコツ

大人の色気の演出には、想像力をかきたてさせるひと工夫を。

『ハリー・ポッターと賢者の石』でデビューした幼かったエマは、今や同世代のファッションアイコンとして人気を博す存在です。

シャネルは彼女をココ・マドモアゼルの広告塔に、今までケイト・ウィンスレットなどトップ女優が広告塔をつとめたランコムも「かわいらしさやセンスで同世代に新風を吹きこむ存在」として、エマをキャラクターに起用しました。

ファッションアイコンとしても注目を集め、大人の女性と言える年齢になったエマは、セクシーさについてこう語ります。

「見えないほど、人は想像力をかきたてられるでしょう？　露出しないほど、よりセクシーなのよ」

これが胸、これがヒップ……とむやみに露出、強調するのではなく、かすかに浮かぶシルエットやチラリと見える脚、ほんのり香る残り香に、人はそそられます。それが大人の色気の醸しだし方のひとつなんですね。

| いつまでも若々しくいるために | 若いときには"若さ"という美しさがあるけれど、年をとった自分の顔に映しだされるものは、人生の歩みという自分自身……。 |

№ 70

「20歳の顔は、自然の贈り物。
　50歳の顔は、あなたの功績」

Nature gives you the face you have at 20;
it is up to you to merit the face you have at 50.

　　　　　　　　　　　ココ・シャネル　*Coco Chanel*

ファッションデザイナー
（1883年 - 1971年）
帽子アトリエの成功でファッションデザイナーへ。窮屈さから女性を解放する「シャネルスーツ」を生みだす。一時は退いたデザイン界に復帰するも不評を買うが、渡米し再度成功を収める。

眉間の皺より、
笑顔や思慮深い皺を刻んでいこう。
50歳になったときに、
自信のもてる顔になれる生き方を。

　年を重ねてきた人たちは、さまざまな皺を刻んでいます。笑って楽しかった皺、眉間に寄せた悩み深い皺、思いやりや思慮深さ、あるいは大きな仕事を成し遂げてきた成果……もちろん、思慮不足からも皺は生まれます。

　パツンとしたハリはないものの、その一つひとつの皺ににじみでるものが、その人の生きてきた功績です。

　どの皺も同じではなく、それが円熟味として美しく映えるときには、醜い老いにはなりません。表情には、自信が、そのまま表れてくるわけです。

　年を重ねるほどに、それは顕著に表れます。

　映画『ココ・シャネル』で主演のシャーリー・マクレーンは、シャネルと自身の功績や人生を重ねあわせて演じきり、その皺には自信が刻まれていました。

　私たちも50歳になったときに、自分がつくりあげてきた顔に自信がもてますように。

自分の美に自信が	女性はだれだって美しいもの。けれども、ほん
もてないときに	の少しの手間暇のかけ方の違いが、美の違い
	に反映されてくるんです。

№ **71**

「醜い女性なんて
　ひとりもいないわ。
　ただ、怠慢な人が
　いるだけよ」

There are no ugly women, only lazy ones.*3)

ヘレナ・ルビンスタイン　　*Helena Rubinstein*

実業家（1870年 - 1965年）
1902年メルボルンに世界初のビューティ・サロンを開き、ロンドン、パリ、ニューヨークにも出店。化粧品の製造と卸売業に進出した。日本でもマスカラが大ヒットするなど、人気ブランドのひとつ。

第7章
キレイとオシャレのコツ

鏡の前でチェックしよう。
手さえ抜かなければ、
　美しくなれるんだってことを忘れずに。

　ヘレナ・ルビンスタインは、第一次世界大戦の最中、ニューヨークに今でいうビューティ・サロンを開いた美容業界の先駆者でした。戦争中の余裕のない時代に、そんな事業が成功するとは到底思えないのに……全米に店舗を構えるまでになります。ヘレナは〝どんなときでも、女性というのは美しくありたいもの〟という女性心理を読み解いたわけです。

　「醜い女性なんてひとりもいないわ。ただ、怠慢な人がいるだけよ」の言葉とともにオシャレ心をくすぐり続け、一度は手放したビジネスを買い戻します。

　そして、五番街のサロンにはジョアン・ミロが手掛けたラグを敷き、パウダー・コンパクトはサルバドール・ダリのデザイン。サイエンス、ファッション、アート、インテリアなど、あらゆる分野の境界をなくして美容に取り入れました。すべては女性に、美しくあることを怠けさせないために。

　だって、醜い女性なんてひとりもいないんですから。

人前にでるのが めんどうなときに

人前にでるのは、緊張感を伴うこと。友人同志、仕事、恋愛……どんな場面でも〝人前〟を意識するだけで、顔も体も引き締まります。だから……。

№ 72

「きれいな脚でいたければ、
　男たちの目に脚をさらしなさい」

If you want to keep them beautiful,
you should expose your legs to men's eyes.

マレーネ・ディートリッヒ　*Marlene Dietrich*

女優（1901年 - 1992年）
美貌とセクシーな歌声、脚線美で国際的な名声を獲得。『モロッコ』でハリウッドデビューし、アカデミー賞主演女優賞にノミネート。作家アーネスト・ヘミングウェイと生涯を通じて親友だった。

第7章
キレイとオシャレのコツ

見られることは、どんな美容液よりもずっと効果的。人の視線を受けることで、自意識が高まって引き締まるんですね。

　マレーネ・ディートリッヒのその美しい脚は「100万ドルの脚線美」と言われたそうです。

　ミニスカートに〝裸足〟で砂漠を歩く姿が描かれた映画『モロッコ』が印象的でした。

「マレーネはもともとは美人ではなかった」と当時撮影を担当したカメラマンは証言をし、マレーネ自身もそれをよくわかっていたといいます。

　だから、ひとたび撮影に入ると、体にぴったりのドレス、メイク、光と影、それから風までも計算に入れて自分をつくりあげ、最上級の美人に見せる工夫をしていたそうです。視線を意識するからこそ緊張感が保たれ、磨きあげられていきました。

　自信があるから見せる脚でもあり、きれいでありたいからこそ、男たちの前にさらす脚でもあったのです。

　ジャン・コクトーは「あなたの美しさは、詩そのものです」と書き残しました。見せることで賛辞を受け、ますます彼女は美しくなっていったのです。

| ファッション選びの
ヒント | ムリをして履いたキツい靴や、寒いのにがまんして着た薄いブラウスは辛いけれど、オシャレに妥協はしたくない。でも、日々の中での大切なことってあるのです……。 |

№ 73

「着心地がよく、
　ハッピーになれるものを
　身に着けることが大切。
　ファッションだけでなく、
　人生においてもそれは同じよ」

You should wear what feels right for you
and makes you feel happy;
not just for your fashion, but for your life too.

サラ・ジェシカ・パーカー　*Sarah Jessica Parker*

女優、プロデューサー（1965年 - ）
13歳で『アニー』に主演し、映画『フットルース』で注目を集め、『セックス・アンド・ザ・シティ』で人気を不動のものに。ゴールデングローブ賞主演女優賞4度、エミー賞主演女優賞を2度受賞。

第7章
キレイとオシャレのコツ

心地よく、ハッピーになれるもの。
ファッションも人も、
そんな視点で選んでみよう。

『セックス・アンド・ザ・シティ』でキャリー・ブラッドショーを演じたのが、ご存じサラ。高級靴マノロブラニクの支払いに頭を悩ませ、婚約指輪の代わりにシューズ・クローゼットをねだるなど、オシャレが大好きなキャラクターでした。

ところが、主役のキャリーを演じたサラ本人はこう言います。

「着心地がよく、ハッピーになれるものを身に着けることが大切」

プライベートもファッションアイコンとして名高い彼女は、ニューヨークの街中をラフな格好で、子どもを抱っこして歩く姿でも有名です。オシャレだけど気取らない服装が、彼女なりのハッピーになれる姿。しかも「ファッションだけじゃなくて、人生においてもそれは同じ」だと。

ヘビーローテーションする洋服にも、いつも会いたい友達にも、共通する〝心地よさ〟が存在するもの。そんなファッションと人を見つけられたら幸せですよね。

美しく あるために

見たもの、聞いたこと、感じたことが、その人を創りあげていきます。けっして目をそらさずにあらゆることに目を向けて。大切にすべきことは自分の選択なのです。

№ 74

「美しい瞳であるためには、
　他人の美点を探すこと。
　美しい唇であるためには、
　美しい言葉を使うこと」

For beautiful eyes, look for the good in others;
for beautiful lips, speak only words of kindness.

オードリー・ヘップバーン　*Audrey Hepburn*

女優（1929年 - 1993年）
『ローマの休日』でアカデミー賞主演女優賞を受賞。『ティファニーで朝食を』など人気作に主演。スピルバーグ監督作品『オールウェイズ』を最後に女優業を引退し、ユニセフ親善大使に就任した。

第7章
キレイとオシャレのコツ

マイナス思考は美容の敵。
美しくあるためには、
心をスッキリ美しく。

　心と体は、ふたつでひとつ。心は体をつくり、体は心を育みます。体は正直で、何かイヤなことがあればすぐに反応します。「病は気から」という言葉は、昔の人が実体験からえた教訓だと身をもってわかりますよね。

　ぐるぐると体の中をめぐる思いは、よくも悪くも、そのとおりの結果を体に反射させ、体は繊細に反応し、それがまた気持ちをつくります。

　体を美しく保つには、心を美しく保つことが一番。『「原因」と「結果」の法則』（サンマーク出版）にこうあります。

「悪意、羨望、怒り、不安、失望は、肉体から健康と美しさを奪い去ります。憂鬱な顔は偶然の産物ではありません。それは憂鬱な心によりつくられます。醜い皺は、愚かな思い、理性を欠いた思い、高慢な思いにより刻まれます」

　オードリー・ヘップバーンは、晩年はユニセフの親善大使としても活躍し、年をとっても清らかさとやさしいオーラを放っていました。

　体の中をめぐる思いの浄化から、美は生まれます。

年をとるのが こわいときに

10代から20代へ、20代から30代へ……女性は年を重ねるたびに、試練を乗り越えるような気持ちにかられることがあります。でも……。

№75

「年を取るのは悲しいけれど、円熟していくのはすばらしいわ」

It is sad to grow old, but nice to ripen.

ブリジット・バルドー　*Brigitte Bardot*

女優、歌手（1934年 - ）
女優として映画『素直な悪女』でセックスシンボルとして有名になり、セルジュ・ゲンスブールのサポートで歌手としても活躍した。今でも色あせないファッションやスタイルで人気。

第7章
キレイとオシャレのコツ

ワインも人も、円熟していくのはすばらしいこと。今も色あせないBBのように、美しく芳醇でいよう！

　年を重ねるというのは、外見も中身も経験を重ねて成長していくことです。時にはネガティブなイメージも付きまといます。

　でも"円熟"というのは、人柄も知識も培った技術も、すべてが十分に成長して豊かな"内容"をもつこと。日本に比べて欧米では、年を重ねるのはワインと一緒ですばらしいとされることも多いものです。

　ブリジット・バルドー（BB＝bébé）は、今の時代に見ても色あせないファッションやルックスのアイコンとして、アンジェリーナ・ジョリーやブリトニー・スピアーズなどの人気アーティストも意識して真似る存在。

　あるときにフッと事実上芸能生活を引退してしまったため、美しい肢体しか人々のイメージには残っていません。美しい印象を後世に強く残した人でもありました。

　悲しい年の取り方ではなく、BBのような素敵な円熟・成熟を目指して日々を過ごしましょう。

きれいになるために必要なもの	自分の中に蓄積された経験や知恵、見たもの聞いたことなど、すべてが総合的にその人の美しさをつくりだします。

№ 76

「"美"とは、
　あなたの内面で感じたことが
　目に映しだされるもの」

Beauty is how you feel inside,
and it reflects in your eyes.

　　　　　　　　　　　ソフィア・ローレン　*Sophia Loren*

女優（1934年 - ）
イタリアを代表する女優。国際的スターへのきっかけとなった『島の女』で水に濡れて体のラインが浮き立つシーンが有名になり、『ふたりの女』ではアカデミー賞主演女優賞受賞。イタリア共和国功労勲章受章。

第7章
キレイとオシャレのコツ

美しいものをたくさん見て、ワクワクするような経験をすればその輝きは、外見ににじみでる！

　古代ギリシャのことわざに、こんなものがあります。
　Beauty is in the eye of the beholder.（"美"は見る人の目に映しだされるもの）
　ソフィアも、目から対象物をとらえ、自分の内面というフィルターをとおして、美しいと感じるものが"美"であると言いました。
　赤く空を染める夕日や青い海をながめ、素敵な音楽を聞いて、目を奪われるような絵を見て、心動かされる本を読み、尊敬できる人に出会う……。
　あらゆる経験がその人を創りあげます。そうして積み重ねた経験が、自分ならではの美に対する感性を育むのです。
　ソフィアのゴージャスで美しい瞳。
　その輝きの理由は、美しいものを見て感じてきたからこそ。自分の美意識を磨きあげることから、外見の美が創りあげられます。

| 美容液で結果が出ないときに | たとえ一粒の豆でも、それを食べることに決めたのは自分自身。そして、その一粒一粒が、体の基礎となっていくんです……。 |

№ 77

「あなたのカラダは、あなたが選んで食べたものでできています」

Your body is made up of the foods
you have chosen to eat.

西邨マユミ　*Mayumi Nishimura*

マクロビオティック・コーチ
（1956年 - ）
歌手マドンナのパーソナルシェフをつとめ、マクロビオティックを世界的に知らしめた。ゴア元米国副大統領やスティングなどさまざまなセレブリティに食事を提供している。

第7章
キレイとオシャレのコツ

食べたもので自分がつくられるなら、自分を美しくつくりあげるものを選んで食べれば、毎食が食べるエステに！

マドンナのパーソナルシェフの西邨マユミさんは、人生も、体も「自分で選んだものでできている」と言います。偏った食事をしていると、偏った体になります。西邨さん自身、体調が悪かったときにこの考えからマクロビをはじめ、10日間ほどで血液が変わった実感を味わったそうです。

美しさと健康を保つためにマドンナをはじめとするアーティストやセレブに愛されるマクロビとは、日本人が考案した玄米菜食のこと。

西邨さんの著書『ハッピー・プチマクロ』（講談社）による標準食は、1）玄米など全粒穀物、2）野菜、3）豆・海藻、4）スープ　など。

体を冷やす果物や、魚介類は少なめに、肉・乳製品はできるだけ避け、精白されていないものを食べる……いきなり全部はできなくても、まずはできることから少しずつ心がけて。

食べたもので自分はできている。毎食、そんなふうに意識して食事をすれば、人生までも変わりそうです！

Chapter 8

恋愛と結婚のスパイス

Spice for love and marriage

| 恋愛上手に
なれないときに | 映画を見たり本を読んだりして、その登場人物に恋い焦がれるのも、素敵な気持ちになれるものです。でもね……。 |

№ 78

「100冊の本を読むより、一回の恋愛」

Falling in love for real is so much more precious than reading hundreds of books.

瀬戸内寂聴　*Jakucho Setouchi*

僧侶、作家（1922年 –）
30代後半から瀬戸内晴美の筆名で精力的に執筆して人気作家に。出家し京都の嵯峨野に寂庵を結ぶ。『花に問え』で谷崎潤一郎賞受賞、『白道』で芸術選奨文部大臣賞受賞。文化勲章受章。

第8章
恋愛と結婚のスパイス

本気の恋愛をすれば
人間も人生も豊かに。
五感を研ぎ澄ませて、恋愛を楽しもう。

　たった一回の恋愛で、どれほど気持ちをかきたてられて、どんなにたくさんの経験をして、どこまで深い感情を知ることになるか……。

　100冊の本を読みつくすより、それは遥かにスゴイ経験です。

「夜寝るときに、ふと『カレはどうしてるかなぁ』と思う相手がひとりいてごらん。全然違うんだから。夢が甘くなります」と瀬戸内寂聴さん。

　恋をすることで悩み苦しむこともあるけれど、恋をすることで「相手を思いやる気持ち」が生まれ、「相手に対する想像力」も育まれます。

　まずは恋の五感を研ぎ澄ましてみましょう。

　姿や様子を見て、声を聞いて、相手の匂いを確かめて、体が触れてこそ感じとれるものがあり、他者と空間も時間も共有してはじめて、人生を深く味わうようになれるのです。

「恋をしなさい。本気の恋を」

　身を焦がすような恋愛が人生を豊かにすると、寂聴さんも太鼓判を押します。

| 恋愛が長く続かないときに | 慣れてきた、なじんできたときに、ついほったらかしてしまう恋愛は、いつしか冷えたり、蒸発したりしてしまうものです。 |

№ 79

「恋というのは、
　すぐに冷めちゃうから
　温めたり、ゆさぶったりしなくちゃ
　いけないのよ」

Love easily gets cold,
so you have to keep it warm and shake it up.

エディット・ピアフ　*Édith Piaf*

歌手（1915年 - 1963年）
世界的に愛されているシャンソン歌手のひとり。感傷的な声を伴った痛切なバラードが多く、自身の悲劇的な生涯を反映しているのが特徴。代表曲に『ばら色の人生』『愛の讃歌』など。

第8章
恋愛と結婚のスパイス

どんな恋愛も、
ほったらかしでは冷めていきます。
自分なりの刺激は心がけて。

　とにかく恋多き女性でした。16歳で駆け落ちして出産以来、さまざまな男性がやってきては、去っていきます。長く続かない恋心には刺激が必要でした。

　やがて、ピアフはボクシングの世界チャンピオン、マルセル・セルダンと人生最大の恋に落ちます。妻子ある男性と急速に惹かれあい、ピアフの歌も円熟味を増していきました。

　ところが彼が搭乗していた飛行機が墜落し、まだ思いが熱いうちに彼は突然この世を去り、ピアフはまた、酒やドラッグに溺れる破滅的な生活を送っていきます。

　『愛の讃歌』は彼の死を悼んだ曲だとされますが、じつは死よりも先に書かれ、妻子ある男との恋に終止符を打つためだったとの説もあります。

　そしてピアフは、20歳年下の夫に看取られて47歳で人生の幕を引きます。夫は、莫大な借金も含めて彼女のすべてを引き受けました。恋というのは、長時間ゆさぶり温めるうちに蒸発もすれば、熱いまま保温されもするのですね。

| オシャレしているのにモテないときに | 自分を飾りたてることに一生懸命で、相手の存在を大切にして思いやる気持ちがおろそかになってしまうのでは本末転倒というものですね。 |

№ 80

「美しく着飾った女性よりも、
　素朴な女性のほうが
　　男性をよくわかっているものよ」

Plain women know more about men than beautiful ones do.

キャサリン・ヘップバーン　*Katharine Hepburn*

女優（1907年‐2003年）
飾り気のないスタイルと演技力で万人から愛された演技派女優。アカデミー賞主演女優賞演技部門でオスカー受賞4回の最多記録をもち、ノミネート数12回はメリル・ストリープの17回に次ぐ記録。

第8章
恋愛と結婚のスパイス

恋愛体質づくりに大切なのは……
自分を磨いて、オシャレであること。
そして何より、相手を思いやれること!

　だれよりも美しく磨かれた女性は羨望の的。でも、いざふたを開けてみれば、ただ素朴にかわいい女性がすべてをさらっていく……よくある話です。

　その根底にあるのがキャサリンの言う、自然のままに近く、あまり手を加えられていない「素朴さ」。服装だけではなく、漂う人間性や計算のない気づかいなど、内面的なものまで含めて言っています。けっして美しいことが悪いわけではないものの、飾ることに一生懸命になり、いかに自分を引きたてさせるかに精魂を使ってきた〝美しい女性〟は、相手を見ることをおろそかにしがちだというわけです。

　正統派の美人ではないものの、洗練された印象の女優キャサリンは、独自のライフ・スタイルを貫き、その飾らない人柄で世界中から愛されました。

　自分のことをよく見てわかってくれる人というのは、パートナーとしては欠かせない存在です。キャサリンのような飾らない性格と美しさを兼ね備えられたら、最強の恋愛体質になれそうです。

| どんな人と結婚すれば幸せになれるのか | 男性に求める条件は人それぞれ。でも、もし一緒になるならば、最後の最後に見るべき大切なところがあるようです……。 |

№ 81

「やさしい人を探しなさい。金持ちかどうかなんて、気にしないほうがいい」

Look for a sweet person.
Don't worry about wealth.

エスティ・ローダー　*Estée Lauder*

実業家（1906年 - 2004年）
独自の美容哲学に基づき、美容における最新テクノロジーとエレガンスを追求し続け、世界的な事業展開をする化粧品会社エスティ ローダーの創業メンバーとして経営に参画した。

第8章
恋愛と結婚のスパイス

物質的な面よりも、内面から見ていこう。何よりも人柄を大切に。

「やさしさ」という人間の本質が、長い間付きあっていくには一番大切だとエスティ・ローダーは言います。

「やさしい」というのは、荷物をもってくれるとか、友達の前でいい人を演じられるとか、自分だけによく振る舞ってくれるといったことではないようです。やさしさとは、心根で他人に対して思いやりがあり、情が細やかであること。本当に困ったときに手を差し伸べてくれ、寛容である、などといったこと。

物質的なものはただの付属品で、その人自身ではありません。確かに働いてえた結果であったり、嗜好が反映されていたり、生まれつきもちあわせるその人の一部ではあります。でも、いざとなったら切り離せるもの。

付属するすべてを削ぎ落として人を見たときに、本当にその人のことを愛せるか、すべてをなげうってでも一緒にいたいと思えるか……ということが問われているのです。そして、同じように自分を見てくれているか。

いつも恋愛対象を肩書や経済力で選び、恋愛がうまくいかない人は、たまには「やさしさ」を基本条件として、恋の相手を探してみては？

| 恋に臆病に
なったときに | 恋愛で傷つくたびに、しばらく恋はいいかな
と思うけれど、じつは恋愛は筋トレと同じで、
鍛えれば、よい結果は出るものです。 |

№ 82

「愛情が大きくなるほど、
　痛みにも、もっと寛容になれるわ」

The greater your capacity to love,
the greater your capacity to feel the pain.

ジェニファー・アニストン　*Jennifer Aniston*

女優（1969年 - ）
『フレンズ』でブレイクし、エミー賞やゴールデングローブ賞を受賞。『ピープル』誌で「最も美しい50人」に選ばれ表紙を飾った。ブラッド・ピットと離婚後も恋の噂は絶えない。

第8章
恋愛と結婚のスパイス

恋愛の数だけ、強くしなやかになる。
怖がらずに、深く愛して。

　世界的なイケメンたちとのロマンスの噂は絶えず、恋愛経験を重ねてきたジェニファーは、恋愛のすべてが自分のためになっていると言います。

「パートナーとの関係が長くなるにつれて、徐々にイヤだなぁと感じられる部分もでてくるわ。でもそういう経験を経て、自分が恋愛に求めるものの的を絞れるようになったの」

　恋愛を重ねるごとに、自分の恋愛に必要な内容がわかるようになっていき、妥協できる部分、がまんできないところも具体的になります。こうして数々の恋愛を繰り返してきた彼女が気づいたのが「愛情が大きくなるほどに、自分も寛容になっていく」こと。要するに、相手の欠点やちょっとしたいさかい、相手の浮気心などにも耐えられるようになっていくというのです。

　大きな愛情の器をもてるようになれば、それだけ痛みの受け皿も大きくなって、少しくらいではゆらがない関係が築けるようになります。

　たくさん恋をして、深く愛することで、自分の器はどんどん大きくなっていくのです。

素敵な男性がいない と感じるときに

「ああ、素敵な男性がいないかな」と嘆くだけでは、自分の女としての役割をおろそかにして、恋愛の醍醐味も知らずにいるようなものですよ……。

№ 83

「男を魅力的な存在にするのは、実は女の働き、役目なのよ」

Making a man attractive is the female's job.
You need to make an effort.

岡本敏子 *Toshiko Okamoto*

岡本太郎のパートナー、プロデューサー
(1926年 - 2005年)
芸術家の岡本太郎のパートナーであり養女。実質的な妻でもあった。太郎の死後、未完成の作品制作の総指揮をとり、岡本太郎記念館の館長に就任。作品が再評価されるように働きかけていった。

第8章
恋愛と結婚のスパイス

相手の魅力を引きだすのも、女の楽しみのひとつです。

　とても不思議な関係でした。芸術家岡本太郎の養女であり、ビジネスパートナーであり、実質的な妻であった女性。太郎氏が結婚を望まなかったとか、遺産相続のためなど諸説語られますが、とにかくふたりは恋仲でした。

　氏が急逝した際に残った未完成の作品は、制作・仕上げすべてに監修として携わり、アトリエ兼自宅を美術館として改装して公開。岡本太郎記念館の館長になり、作品の再評価を働きかけていきました。死後も太郎氏が評価を受け続けたのは彼女の功績。

　そしてもちろん、生前は創作意欲をかきたてさせ、なだめ、叱咤する役目も果たしました。

「素敵な男でなければ女はつまらない。男をそういう魅力的な存在にするのは、実は女の働き、役目なのよ」

　活躍する太郎氏を、彼女はもっともっと好きになっていく。惚れた男性をリスペクトして、とことん応援する生き方も、自分事のようにワクワクして楽しそうですよ！

| 長く関係を
続けたいときに | 自分にとってその恋愛は、大切に育てていきたい心があるものなのか、それとも一過性の風邪のようなものなのか……。 |

№ 84

「大事な恋愛ならば、
　植木と同様、追肥やら
　雪吊りやらをして、
　手をつくすことが肝腎」

『センセイの鞄』（川上弘美　2004年　文春文庫）

If this is a special relationship, make an effort to care for it sincerely as you do your plants; with lots of fertilizer and gentle support.

川上弘美　*Hiromi Kawakami*

作家（1958年 - ）
『蛇を踏む』で芥川賞受賞。幻想的な世界と日常が入り交じった描写を得意とし、作品の織りなす独特の世界観には女性ファンも多い。主な作品に『溺れる』、『センセイの鞄』『真鶴』など。

第8章
恋愛と結婚のスパイス

さほどでない恋心なら、
育ててしまう前に立ち枯れさせて。
大切にしたいならば、
心を込め、手をかけて育もう。

　小説『センセイの鞄』の中で、主人公のツキコがセンセイへの気持ちをあきらめようとしてセンセイを避けている場面に登場する、ツキコの亡くなった大叔母さんが言った言葉です。

「育てるから、育つんだよ」「恋情なんて、そんなもんさ」「大事な恋愛ならば、植木と同様、追肥やら雪吊りやらをして、手をつくすことが肝腎。そうでない恋愛ならば、適当に手を抜いて立ち枯れさせることが安心」（『センセイの鞄』文春文庫）

　恋心は、自分で盛りあげて「育てるから育つ」。適当に手を抜けば、立ち枯れさせることもできるもの。

　ほったらかせば忘れるものに、自分でせっせと水を与えれば、どんどん芽がでて育ってしまいます。逆に、手を抜いてしまえばカサカサに乾いて、花を咲かせずに、いずれ枯れていく。恋愛ってそうやって意識的に栄養をあげ続けて育てたり、ほったらかして枯れさせてしまったり。そんなものですよね。

仲のいい夫婦に
なりたいときに

古い慣習の型を破ってでもふたりで並んで歩ける関係を築けたら、それが理想のパートナーとのあり方ではないでしょうか……。

№ 85

「愛し、慈しみ、敬い、支える」

"Love, comfort, honor and keep"(my husband.)
（伝統的な誓約の「夫に従う」という言葉を省いて）

ケンブリッジ公爵夫人キャサリン
Catherine, Duchess of Cambridge

英国ウィリアム王子妃
(称号はケンブリッジ公爵夫人殿下)
(1982年 -)
大学時代にウィリアム王子と知りあい、王子が一目惚れ。旅行先のケニアで婚約し、婚約指輪はダイアナ元妃のものであった。2011年ウェストミンスター寺院で式を挙げた。

第8章
恋愛と結婚のスパイス

互いを敬い支えあい一緒に並んで歩ける関係を築こう。

　私は夫を「愛し、慈しみ、敬い、支える」。

　これは結婚式のときに、イギリスのキャサリン（ケイト）妃が誓約した言葉でした。大学時代から10年という月日を経て、互いを尊重しあう関係をつくりあげてきたふたりは、自分たちで誓いの言葉を決めたそうです。

　伝統的な誓約では、これにもうひとこと入っています。それは「夫に従う（obey）」。エリザベス女王すら「愛し、育み、従う」と誓ってきたのです。

　でも、ふたりはあくまでも対等な関係を尊重し、代わりに互いが〝敬い〟〝支える〟としたわけです。

　じつは、伝統の型を破った人は以前にもいました。ウィリアム王子のお母さん、ダイアナ元妃でした。自分らしさを貫くキャサリン妃には、ウィリアムの母を想起させる面もあったようです。

　自分らしくありながらパートナーを人として尊重する。場面にあわせて向いているほうが舵をとり、敬い支えあう……理想のパートナーのあり方です。

駆け引きに
つかれたときに

目は口ほどに物事を伝えてくれるもの。思い切って気持ちを伝えたいと思うならば、こんな方法だって効果的。

№ 86

「わたし、あなたが好きよ、とまっすぐにその人の眼を見て言ってごらんなさい」

I recommend that you say "I really love you," while looking straight into his eyes.

宇野千代　*Chiyo Uno*

小説家、実業家（1897年 - 1996年）
『おはん』で野間文芸賞、『幸福』で女流文学賞、『雨の音』で菊池寛賞受賞。『生きて行く私』がベストセラーとなる。文化功労者として表彰され、勲二等受勲。女性実業家の先駆者としても知られる。

第8章
恋愛と結婚のスパイス

限りある人生なんだから
今、正直に恋をしなくていつするの?

　いくつになっても"艶っぽい人"っているものです。艶とは、表面にでるしっとりとした光であり、なめらかで張りがあって美しく、味わいがあること。加えて、男女間のことでもあります。

　そうした艶が80歳を過ぎようが、100歳になろうが、生きている限りにじみでる人……。

　宇野千代さんは仕事にも恋愛にも粋。ご自身が恋多き一生を過ごし、作品にも人生が反映され、登場する人物は最先端を行くモダンさで、その時代にはきわめて鮮烈だったとされています。

　そんな女性が指南してくれる作法は、恋愛でも自分の心根に正直に生きること。女性としての色艶を失わない限り恋はできるし、その色艶からだけでも、体中からあふれるように「好き」は伝わりそうです。

　でも、やっぱり言葉を尽くしてこそ相手にしっかり伝わります。

「好きと言えないなんて、ケチな根性よ」

「好き」って単純だし、心のままに飾らないのに、艶がある粋な表現ですね。

| 意地をはって | かつて欧米で一番有名な日本人と称された女性の恋愛は、世界的かつ歴史的なアーティストとの間で育まれました。その成就の秘訣はこんな心持ちだったのです。 |
| しまうときに | |

№ 87

「短い人生だもの、愛する気持ちに正直にならなくちゃ」

It is important to be honest about your love because life is not that long……

オノ・ヨーコ *Yoko Ono*

出典:『Guardian.co.uk』
2012年6月17日

アーティスト(1933年 -)
ビートルズ時代のジョン・レノンと結婚し、歌にも登場する。ジョンとの共作や「Love & Peace」を訴える活動も展開し、欧米で一番有名な日本人とも言われた。2009年ヴェネツィア・ビエンナーレで、生涯業績部門の金獅子賞を受賞。

第8章
恋愛と結婚のスパイス

愛する気持ちはタイミングを逃さず、ストレートに表現を。

〝彼女に写真を撮られたら、セレブとして認められた証〟とされるアニー・リーボヴィッツという写真家がいます。彼女が撮った作品で、オノ・ヨーコさんが洋服を着てベッドに横たわり、ジョン・レノンが裸で体を丸め、愛おしむ母親に抱きつきキスをするかのような写真は、今でもよく見かける有名なもの。あの〝世界のジョン〟が子どものようにすら見え、ふたりの関係をよく表しています。その存在がビートルズ解散の理由とささやく声も聞かれましたが、逆に「そこまで愛されていたんだ」と実感できるエピソードでもあります。

のちにふたりは拠点をイギリスからアメリカに移し『イマジン』を発表するなど、彼女の存在がジョンの活動の原動力にもなっていきました。

「人を愛することは、自分が不安定な立場に身を置くことであり難しいことでもあるわ」

でも、愛に正直に生きた彼女だからこそ、ジョンも正直に愛情を示してくれたのでしょう。短い人生だもの、自分の気持ちを大切に。

夫婦円満の秘訣とは？

本当に人を愛するというのは、どんな気持ちなのでしょう……世紀の人気俳優ハンフリー・ボガートから愛され、愛し、添い遂げた中からでてきたのは、こんな言葉でした。

№ 88

「愛するって、この世界で味わう最高の感覚よ」

The truth is that love is the best feeling to have in this world.

ローレン・バコール　*Lauren Bacall*

女優（1924年 - ）
『Harper's BAZZAR』誌でのモデルから、映画『脱出』でスクリーンデビュー。『三つ数えろ』『キー・ラーゴ』『オリエント急行殺人事件』『ミザリー』などに出演。ハンフリー・ボガートが病で亡くなるまで結婚生活は続いた。2009年アカデミー賞名誉賞受賞。

第8章
恋愛と結婚のスパイス

愛情は出し惜しみせず、愛する喜びを味わおう！

　名作映画『カサブランカ』は、名曲「As Time Goes By」や、名セリフ「君の瞳に乾杯」などで有名な作品。その主演俳優ハンフリー・ボガート（ボギー）の伴侶が女優ローレン・バコールでした。

　イングリッド・バーグマン、キャサリン・ヘップバーン、オードリー・ヘップバーンなど大女優と共演するボギーを惹きつけたローレンの魅力はどこにあったのか。

　ボギーと出会った映画『脱出』では、オーディションでの緊張や震えを隠すために、あごを胸に押し付けることで上目使いに。このスタイルは"The Look"と呼ばれ、後に彼女のトレードマークとなるほどインパクトのあるものでした。強さの中にうかがわせるか弱さは、つい手を差し伸べたくなる隙にもなります。あまりに完璧な人だと入りこむ余地がありませんものね。

　そして年齢差は25歳ながら仲睦まじく、彼女はボギーが病気で亡くなるまで添い遂げたのです。ローレン・バコールは惜しみなく愛情表現をする女性でした。愛情をだし惜しみせず、愛することに喜びを見だせたら、結婚生活は円満にやっていけそうです。

Chapter 9

人生を楽しむために

To enjoy your life

| やる気がおこらない
ときに | だれだって、気分が乗らないとき、何もかもうまくいかないときはあるものです。でも、そんなときこそ、こんな言葉を胸にして……。 |

№ 89

「前に前にという気持ち」

"Keep going" is my constant feeling.

浅田真央　*Mao Asada*

フィギュアスケーター（1990年 - ）
2010年バンクーバーオリンピック銀メダリスト、世界選手権優勝２回、グランプリファイナル優勝３回。女子シングル史上で初めて一つの競技会中に３度の３回転アクセルを成功させた。スポーツ選手でつねにトップクラスの人気を誇る。

第9章
人生を楽しむために

まずは気持ちを揺り動かして一歩ずつでも前へ出ればいずれ人生も伸びやかに。

「サッカーW杯と真央ちゃんの試合は、みんながテレビの前に釘づけになり、店からは人が消えタクシーは仕事にならない」が通説。今や浅田真央選手の人気は街頭の景気すら左右すると言われるほどです。

愛くるしい表情で人を惹きつけながら、たとえ優勝しても、自分が納得いかない限り、コメントでは必ず次への目標や改善点を言葉にします。

「前に前にという気持ちが欠けていた」は、試合でミスをしたときのインタビューで出た言葉。この気持ちがないと、スピードが出ないし、足にも力が入らないというのです。この気持ちが、彼女を前進させる秘訣。

表現力にも磨きをかけて、ひとりのバレリーナが〝善と悪〟、〝静と動〟を踊り分ける『白鳥の湖』の楽曲に挑戦し、さらに高みへと羽ばたきます。

やる気が出ないときは、「前へ前へ」と気持ちをふるい立たせて、ほんの少しでも前進するうちに、だんだんスピードにも乗れて、伸びやかに人生を進めるようになりますよ！

不安で行動できないときに

先行き不透明で、何がおこるのか不安を感じることもあるかもしれません。でも、もしかすると、とてもいいことが待っている可能性だってあるんです。

№ 90

「次の角を曲がったとき、どんな出来事に出会うのか楽しみよ」

I'm just looking forward to seeing what's around the corner.

グウィネス・パルトロウ　*Gwyneth Paltrow*

女優（1972年 – ）
映画『恋におちたシェイクスピア』でアカデミー賞主演女優賞とゴールデングローブ賞主演女優賞を受賞。2003年に結婚し２児の母。2011年よりブランドCOACHの70周年キャンペーンモデルに。

第9章
人生を楽しむために

同じ人生なら、
未来を不安に思うより
ワクワクした方がいい。

「地球が丸いのは、行く先を遠くまで見せないためだ」とは、映画『愛と哀しみの果て』のセリフ。自伝的小説の最高峰とされる『アフリカの日々』を映画化した作品で、貴族と結婚してアフリカにわたった令嬢が、伴侶に裏切られ、先が見えない不安を抱えながらもコーヒー農園を切り盛りしていきます。そこで冒険家の男性と出会い……見知らぬ土地での辛い境遇ながら、今までにない出来事や人との出会いなど、何がおこるのかワクワクする状況ととらえることもできます。

「次の角を曲がったとき、どんな出来事に出会うのか楽しみよ」

　グウィネスには、ブラッド・ピットとの婚約破談やベン・アフレックとの破局など、さまざまな出会いや別れがありました。先にあるのはいいことばかりとは限らないけれど、いいことだっておこるんです。

　地球も人生の曲がり角も、先が見えないからワクワクするもの。

　次に何がおこるか楽しまなくちゃ。不安に思うなんて無粋ですよ。

勉強なんて、しんどいなぁと思ったら

学ぶことって、ついつい学校の勉強に結びつけてしまいます。でも、まわりの素敵な人の身のこなし、デキる人の仕事の仕方など……すべては学びからはじまります。

№91

「お勉強は大嫌い。
勉強なんてイヤなものよ。
でも学ぶことは好き。
学ぶって、素敵じゃない」

I don't love studying. I hate studying.
I like learning. Learning is beautiful.

ナタリー・ポートマン　*Natalie Portman*

女優（1981年 - ）
イスラエル出身。『レオン』で映画デビュー。『スター・ウォーズ』の新３部作でヒロインを演じ人気を不動のものに。映画『ブラック・スワン』ではアカデミー賞主演女優賞をはじめ多数受賞。

第9章
人生を楽しむために

どしてだろう？　知りたい！
興味を突きつめることが
学びのはじまりですよ。

　映画『ブラック・スワン』でアカデミー賞主演女優賞を受賞した姿が記憶に新しく、もとをたどれば映画『レオン』でジャン・レノと共演した子役であり、さらに映画『スター・ウォーズ』（新3部作）の若き女王でした。その彼女は、「世界の最も美しい顔」で1位になるほどの美貌に成長します。

　ところが、彼女はきれいだけではありません。ハーバード大学とイェール大学に現役合格し、ハーバード大学へ進学するのです。

　ユダヤ系で祖父母はアウシュビッツ強制収容所で亡くなっていることなどから、イスラエルへの思慕を強く抱き中東問題の研究にも参加。つねに学びながら、社会の理不尽に対する批判的な姿勢も貫きます。

　そして、恋多き女のレッテルもしっかり貼られているなど、その学びは女としても人間としても幅を広げていくのです。

「勉強」ではなく、好きだから、そして興味があるから学ぶ。学ぶ先に、自分のやりたいこと、知りたいことを見つけたら、自然と学びたくなるものです。

| やりたいことが、見つからないときに | ほかの人にとって小さなことでも、自分が心から楽しんで真剣になれることに出会えたら、それだけでも幸せです。 |

№ 92

「楽しめなければ、打ちこむ意味はない」

If I don't enjoy it, there is no point throwing myself into it.

菅井円加　*Madoka Sugai*

バレエダンサー（1994年 – ）
3歳からバレエを習いはじめ、小学校高学年のときに全国大会で優勝を果たし、以後国内の大会で優勝を重ねてきた。2012年ローザンヌ国際バレエコンクールで1位入賞。ユニクロのCMに起用された。

第9章
人生を楽しむために

自分が子どものころに好きだったことって何？もしかすると、そこにヒントがあるかもしれませんよ。

　スイスで開催される若手ダンサーの登竜門、ローザンヌ国際バレエコンクールで、日本人の高校生が１位になるという快挙を成し遂げました。

　海外のバレエ団で踊りたいという気持ちも強く、今後の渡航も決めたうえで、彼女はこんなふうに語ります。

「舞台にむけてリハーサルに打ちこめる毎日、というものがとにかく今は楽しみです」

　たった一度の人生だから、彼女のように心の底から楽しい！　と思えるものに、打ちこみたいと思いませんか？

　では、それをどうやって探しましょう？

　たとえば、いろいろな年代の人と話したり、ふだん読まない本を読んだり映画を見たり、自分が今いる世界から一歩飛び出してみたりすることで、本当の好きが見つかるかもしれません。あるいは、自分のやりたかったことを書き出して、自分自身を見つめなおしたり。

　家でじっとしているだけでは、出会えないんです。

肝の据わらせ方が	肝の据わった女性は、ときにコミカル、ときに
わからないときに	大女優。自身に大事が起きたときでもゆるが
	ない「こうありたい姿」を象徴する言葉がこ
	れでした……。

№ 93

「今まで、
　いろんなものが
　　見え過ぎました」

I have seen too many things, too deeply.

樹木希林　*Kirin Kiki*

女優（1943年 - ）
フジカラーのCM出演は30年以上にわたり、近年は映画『東京タワー』では日本アカデミー賞最優秀主演女優賞、『悪人』で最優秀助演女優賞受賞。内田裕也の妻であり、俳優・本木雅弘が娘婿。紫綬褒章を受章。

第9章
人生を楽しむために

覚悟を決めた瞬間、
どんな困難も乗り越えられるように！

　いつもウイットに富んだコメントで、好奇心からくる質問をサラリとかわす樹木希林さん。

　これは、網膜剝離で左目を失明したときの言葉です。目が見えなくなったら、どんな人でも自分の人生を嘆いて悲観的になるし、女優ならば演技の幅を気にするのも、当然の状況でのこと。

　彼女は「今までいろんなものが見え過ぎました」という達観したコメントで、世間をあっといわせました。

　伴侶であるミュージシャンの内田裕也さんが、逮捕されたときも「本人に謝らせるので私は謝らない」ときっぱり。彼女が警察に面会に来たとき「『謝らないんですか』ってゆっくり言ったひとことが怖かった」と裕也さん。ハチャメチャな伴侶に振り回され、逆に見たくないものまで見てきた人生ならではのコメントなのでしょう。

　理想と現実のはざまで心の折り合いをつけられず、迷っている人もいることと思います。でも、樹木さんのように覚悟を決め、そして少しのユーモアがあれば、困難も乗り越えられる日がくるかもしれません。

| 自己嫌悪に陥っているときに | 完璧な人間なんて見たことがないし、いたとしたらつまらない。ダメな部分こそが、親しみを感じさせる面でもあるものです。 |

№ 94

「私はすごく不完全な人間だけど、
　だからこそ自分のことが好きなのよ」

Oh, I'm so inadequate and I love myself.

メグ・ライアン　*Meg Ryan*

女優（1961年 - ）
『トップガン』で注目を集め、『恋人たちの予感』の大ヒットで人気を決定付ける。『めぐり逢えたら』『ユー・ガット・メール』など3作品でゴールデングローブ賞主演女優賞にノミネートされた。

第9章
人生を楽しむために

コンプレックスは個性。
自分の強みに変えてみれば、
魅力として生かせそうですよ。

『恋人たちの予感』の大ヒットでスターの地位を決定付け、以降もトム・ハンクスと共演した『めぐり逢えたら』『ユー・ガット・メール』などのヒットで、「ロマンティック・コメディの女王」と呼ばれて人気を博したメグ・ライアン。

そのかわいらしさ、あっけらかんとしたキャラクターで女性にも人気の高い女優ながら、一方で作品選びの悪さでも有名だったのです。

これまでにオファーを断った作品は……『ゴースト／ニューヨークの幻』『プリティ・ウーマン』『羊たちの沈黙』など。だれもが知る大ヒット作品で、出演者がそれぞれその名を上げたものばかり。最近、自身は作品にいまひとつ恵まれていません。でも、どうしてこんなことをしてしまったのか……なんて後悔しては、そのキュートなキャラクターが台無しです。「私はすごく不完全な人間だけど、だからこそ自分のことが好きなのよ」とふっきって、こう言いのけてしまう素直さがあるからこそ、今も多くの人の心に余韻を残しているのです。

人生失敗ばかりだと感じるときに

つまずきもすれば転びもする……そんな人生に大切なのは、転ばないことじゃなくて、転んでも何度でも起きること。

№ 95

「どの子が上達するかは
　見ていればわかるわ。
　一番たくさん転んで、
　でも自分をふるいたたせて、
　また挑戦する子よ」

I can tell which kids are going to do well.
It's the ones who fall the most,
and keep pulling themselves up and trying again.

ミシェル・クワン　*Michelle Kwan*

フィギュアスケーター（1980年 - ）
中国系アメリカ人。5度の世界選手権優勝、9度の全米選手権優勝。長野オリンピックの銀メダリスト。豊かな表現力に定評があり、今も彼女を目標とするスケーターが多い。

第9章
人生を楽しむために

転んだら起き上がる。
その繰り返しで、
人生はよくなっていくんです。

　日本人も多く指導するニコライ・モロゾフコーチが「心で滑る演技、見る者の魂に響くような演技ができた女子で唯一の選手」と評するほど、その表現力には定評があり、美しい滑りをしたのがミシェル・クワン選手。今でも、キム・ヨナ選手や長洲未来選手が目標のひとりに挙げる人でもあります。

　そんな彼女が子どもたちの練習を見ていてのこと。「子どもたちのトレーニングを見ると、上達する子はわかるものよ」と言いました。それは「一番転んで、それでもあきらめず、また挑戦できる子」だというのです。

　最初からジャンプが跳べるわけではなく、何度も何度も氷の上に叩きつけられると、怖さの方が先に立って、自分はもうダメなんじゃないかとくじけそうになります。でも、また起き上がる気持ちをもち続けることが上達の秘訣中の秘訣。

　選手がきれいに跳んだ３回転の裏には、何度の転倒があったことか。今日転んでも、つまずいても、また起き上がる。

　その繰り返しが人生を好転させてくれるんです。

| 成績が悪く
落ち込んでいる
ときに | そういえばテストの点も悪かったし、学校の成績もいまひとつだった……だからといって、今をあきらめる必要はありません。 |

N° 96

「テストの成績が、大人になって何になるかを決めはしないわ」

Test scores do not determine
what you will be when you grow up.

ジェニファー・クウォン　*Jennifer Kwong*

科学者
アメリカ航空宇宙局
（National Aeronautics and Space Administration, NASA）アストロロジー・インスティチュート、シニア・リサーチ・サイエンティスト。

第9章
人生を楽しむために

好奇心、探究心、人間力を武器に、やりたいことを実現させよう！

　テストは、基本的に紙の上に答えを書いたり、○か×をつけたり。それだけのこと。でも、人生ってもっと多様で立体的なものだと思いませんか？

　平面で書く答えよりも、人間同士がぶつかったり、つまずいたり、道に迷ったりともっと複雑。大きな障害もあれば、追い風だって吹いてくれます。

「これだけはだれにも負けない」と没頭できる何かを見つけられた人のほうが、自分の進みたい道がはっきりと見えて、追い風だって受けやすくなります。

「心血注いで働いて、学んだことがあなたを決めるの」

　NASA（アメリカ航空宇宙局）は簡単に入れる機関ではないもの、合格する人は宇宙への並々ならぬ興味はもちろんのこと、大事なのは、その人の人間力なんだそうです。まわりと協調しながら、プロジェクトを前に進めていくチカラが必要なのです。テストの成績よりも人間性を磨き、あらゆることを学ぶ努力を大切に。

| 怠惰な生活が
イヤになったときに | なりたいもの、したいこと、欲しいもの……考えてみることで、今の自分に必要なことが見えてきます。 |

№ 97

「欲しいものがあるなら、
　〝手に入れるためにすべきこと〟
　をしなくちゃね」

If you want something,
you should do whatever you have to do to get it.

マリオン・コティヤール　*Marion Cotillard*

女優(1975年 -)
フランスの女優。映画『エディット・ピアフ〜愛の讃歌〜』でゴールデングローブ賞やアカデミー賞主演女優賞を受賞。『NINE』『インセプション』『ダークナイトライジング』など話題作に多数出演。

第9章
人生を楽しむために

〝叶えたい〟リストを書いてみよう。
必要なのはどんなこと？
明日はそれを実行しよう！

　フランス人女優マリオン・コティヤールが活躍するのは主にハリウッド。相手役には、映画『パブリックエネミーズ』でジョニー・デップ、『インセプション』はレオナルド・ディカプリオ……。さらにはフランス映画『エディット・ピアフ〜愛の讃歌〜』ではアカデミー賞ほか主演女優賞を総ナメでした。英語での演技が多い彼女の問題は、フランス語のなまり。欲しい役を手に入れるには、なまりの矯正が第一課題ですが……結局はなまりも含めて彼女の魅力としてしまいました。

　でも、なまりも克服しなければ、彼女が本当に欲しいものは、手に入りませんでした。長男の出産後、歴代興行成績上位に入る『ダークナイト』シリーズの最新作に出演。こうした大作への立て続けの出演も、あらゆることに熱心に取り組む彼女なりの姿勢があったから。

　欲しいものを手に入れるためには、自分ですべきことを見極めて行動に移すこと。これでまた一歩、目標に近づけます。

| 若々しくいたいと思うときに | 若すぎるから、年だから……と、年齢だけで機会を奪われないように、自分が心がけるべきことは ── 。 |

№ 98

「エイジレスで生きるためには、
　たえず緊張と努力が必要なのです」

To live as an ageless person,
you need to have constant energy and determined effort.

笹本恒子　*Tsuneko Sasamoto*

報道写真家（1914年 − ）
日本初の女性報道写真家となり、約20年のブランクを経て71歳で開いた写真展を機に活動を再開。吉川英治文化賞、日本写真協会賞功労賞を受賞。98歳になった今もフォトジャーナリストとして活躍。

第9章
人生を楽しむために

あらゆることに果敢に挑み、たまには、年齢という制約を無視してみよう!

　フォトジャーナリストとして98歳になってなお現役で活躍する笹本さんは、じつは年齢を隠して仕事をしてきました。

　若く見られたいから……というわけではありません。では、なぜか?

「日本では特に、女だから、高齢だから、で信用してもらえないことがある」、だから、年齢を言わないのは〝自分への約束事〟だったとか。逆に「若くて大丈夫?」と言われることだってあるわけですから、偏見でチャンスを逃すのでは、つまらない。そんなある日、旦那さんからこう言われたそうです。

「年齢を言わないというのは、じつはとても難しいことだ。いつ、どこから見られても、年齢を問われないような努力が必要なんだよ」と。年齢ではなく、仕事の中身で勝負できることが大事なんですね。

　エイジレスに生きるとは、10代であろうが100歳になろうが、年齢のせいで人にあれこれ言わせないこと。そのためには、あらゆることに果敢に挑んで軽々とこなす「努力と覚悟」、それから「緊張感」が必要なんです。

毎日が退屈だと思うときに

ちょっとした心がけをするだけで、毎日が充実して、楽しく、悔いのない人生を過ごせるようになります。その秘訣は……。

№99

「幸せに生きる方法はたったひとつ。
　それはね、
　毎日が自分の最後の日かのように
　生きることよ」

I've learnt that I know only one way to live to be happy.
And that's to try to live each day as if it's your last.

アンジェリーナ・ジョリー　*Angelina Jolie*

女優（1975年 - ）
『17歳のカルテ』でアカデミー賞助演女優賞を受賞。記録的な興行収入となった『Mr. & Mrs.スミス』でブラッド・ピットと共演し公私ともにパートナーに。養子3人と実子3人の母。UNHCR親善大使。

第9章
人生を楽しむために

今日が人生最後の日、
と思ったら、あなたなら
何をしますか？

　アンジーは『Mr. & Mrs.スミス』で共演したブラッド・ピットと不倫関係のまま事実婚状態になり、カンボジア、エチオピア、ベトナムから養子を引きとり、ブラッドとの間に実娘をもうけ、さらに男児と女児の双子も出産しました。慈善活動にも熱心に取り組み、世界各国の貧困地区、被災地、自然保護団体などへの寄付は10億円をくだらないとされています。そして、国連難民高等弁務官事務所（UNHCR）の親善大使もつとめます。

　ところが、子どものころからのネガティブな噂や性的ゴシップもあり、イメージづくりのための養子縁組や寄付ではないか……など、あらぬことを書かれることも多いアンジーは、こんなふうに語っています。

　「いつも自分の思いどおりにはいかないわ。でも、一つひとつの決断や行動が自分の人生を変えるのよ」

　そして、こんな結論に達するのです……「今日が人生最後だと思って、思いどおりに全力で生きる。それが、幸せに生きるたったひとつの方法だ」と。

　限られた時間の中で何をするか考えてみると……ほら、自分がすべきこと、したいことが見えてきますよ。

227

つまらない人生だと思ったときに

ほんのちょっとうれしいくらいで喜ぶのは恥ずかしいなんて、特に日本人は気持ちを表現せずにおさえてしまいがちですが……。

№ 100

「小さいうれしいことを
　ふくらませていこう」

Magnify a tiny happiness!

森光子　*Mitsuko Mori*

女優（1920年 - 2012年）
舞台をはじめ、ドラマ主演や紅白歌合戦の司会・審査員など幅広く活躍。舞台『放浪記』の単独主演2000回の公演で国民栄誉賞を授与された。勲三等瑞宝章・紫綬褒章・文化勲章・文化功労者など、数々の賞や栄典を受ける。

第9章
人生を楽しむために

小さな「うれしい」を
思いきって表現して、次の喜びを引き寄せ、
またグングン大きくしよう！

　1961年から舞台で演じてきた『放浪記』で作家・林芙美子を演じた森光子さんは、小説の出版が決まって喜ぶ気持ちを「でんぐり返し」で表現。舞台で披露し続け、88歳までそのシーンを演じていました。

　その「うれしい」を表現する場面は見る人もうれしくさせたのでしょう。評判が評判を呼び、公演は2009年まで実に2017回も続けることになるのです。

「小さい　うれしいことを　ふくらませていこう」は、毎日芸術賞を受賞したときのインタビューでの言葉でした。舞台で表現し続けたうれしい気持ちは、こんなに長く大きくふくらみました。常々ご本人も「うれしかったらうれしいといいなさい。ちょっとしたことでも伝えること」と言っていたそうです。

　年を重ねても、正直に気持ちを伝えて次のうれしいを呼び寄せる、かわいらしさも持つ大女優さん。そのふくらませ方を見習ってみれば、人生は喜びに満たされそうです。

出典・参考資料

1章　幸せのカギ

№ 01　『「人を動かす」英語の名言』(大内博 ジャネット・ノーダイク大内 2000年 講談社インターナショナル)
№ 01　Web『Dolly Parton』Dolly Parton's official website
№ 02　Web『goodreads』Mae West quotes
№ 02　Web『MaeWest』Mae West official site
№ 03　Web『BEYONCÉ』The official Beyoncé Site
№ 04　『狐野扶実子のおいしいパリ』(狐野扶実子 2010年 文化出版局)
№ 04　『LA CUISINE DE FUMITORY フミコの120皿』(狐野扶実子 2011年 世界文化社)
№ 04　『日経TRENDY net』L-Cruise ARCHIVES 狐野扶実子インタビュー
№ 05　『The Girls' Book of Wisdom』(Edited by Catherine Dee 1999年 2001年　Little, Brown Books for young Readers)
№ 05　『Good Luck』(アレックス・ロビラ フェルナンド・トリアス・デ・ベス 田内志文訳 2004年 ポプラ社)
№ 06　Web『BrainyQuote』Mother Teresa quotes
№ 06　Web『日経Bizアカデミー』潜在"脳力"を活かす仕事術　(30)笑顔の効果を考える。
№ 06　『記憶と情動の脳科学』(ジェームズ・L.マッガウ　大石高生訳/久保田競訳 2006年 講談社)
№ 07　『瞬間幸福』(南果歩 2010年 文化出版局)
№ 08　Web『Yahoo! Voices』Keira Knightley Quotes: Her Top Ten Best Quotations & Sayings
№ 08　Web『GLAM』キーラ・ナイトレイ・インタビュー
№ 09　『心に沁みるこの女性の生き方』(桜井秀勲 1998年 太陽企画出版)
№ 09　『人生の終いじたく』(中村メイコ 2010年 青春出版社)

2章　仕事の刺激に

№ 10　『人生が変わる英語の名言』(晴山陽一 2007年 青春文庫)
№ 11　『私デザイン』(石岡瑛子 2005年 講談社)
№ 12　Web『Maya Angelou』　www.empirezine.com/spotlight/maya/maya1.htm
№ 12　Web『MAYA ANGELOU — GLOBAL RENAISSANCE WOMAN』The Official Site
№ 12　『世界のトップリーダー英語名言集』(デイビッド・セイン 佐藤淳子 2009年　ジェイ・リサーチ出版)
№ 13　『大人の女の名セリフ』(Grazia編集部 2010年 講談社)桃井かおりインタビュー

№14 『読む・聴く・使える 英語名言100』(ロバートレッド・ベア監修 2003年 全日出版)
№14 『スティーブ・ジョブズに学ぶ英語プレゼン』(上野陽子 2012年 日経BP社)
№15 Web『The Hollywood Actress Portal』Hollywood Actress Miranda Kerr Quotes
№15 Web『Café Googirl』 lifestyle 645 Miranda Kerr 913
№16 『人生を豊かにする英語の名言「知恵」と「勇気」と「癒し」がいっぱい』(森山進 2003年 研究社)
№17 『The Girls' Book of Wisdom』(Edited by Catherine Dee 1999年 2001年 Little, Brown Books for young Readers)
№17 Web『Atget Photography.com』
№18 『INTO THE GLOSS』50 shades(Quotes)of Diana Vreeland 2012年9月
№18 Web『dianavreeland.com』Quotations#explore
№19 Web『asahi.com』朝日求人ウェブ 草間彌生インタビュー

3章 成功と失敗に学ぶ

№20 Web『Thinkexist.com』Beverly Sills quotes
№21 Web『Celebrating MARY KAY ASH』Wisdom Values
№21 『小さく賭けろ!一世界を変えた人と組織の成功の秘密』(ピーター・シムズ 滑川海彦訳 髙橋信夫訳 2012年 日経BP社)
№21 Web『若手社員(新入社員)の心理術・処世術・心理学辞典』http://shinri.c-goto.com/
№21 『心理学基本用語集』(必修心理学用語編集グループ 1993年 啓明出版)
№22 テレビ番組『アナザースカイ』(日本テレビ 2011年12月2日放送)
№22 Web『Hiromi』上原ひろみオフィシャルサイト
№22 『The Girls' Book of Wisdom』(Edited by Catherine Dee 1999年 2001年 Little, Brown Books for young Readers)
№23 『Encyclopedia Madonnica: The Woman & The Icon From A To Z』(Matthew Rettenmund 1995年 Macmillan)
№24 Web『BrainyQuote』Anne Baxter quotes
№25 Web『BrainyQuote』Kathryn Bigelow quotes
№25 映画『ハート・ロッカー』(キャスリン・ビグロー監督 2009年 ブロードメディア・スタジオ配給)
№25 Web『Guardian.co.uk』「Oscars 2010 Is Kathryn Bigelow's victory a win for women?」2010年3月10日
№26 『日本経済新聞』2002年1月1日 朝刊 13ページ 緒方貞子インタビュー
№26 テレビ番組『NHK 100年インタビュー』(NHK 2010年1月放送)緒方貞子
№27 『週刊アスキー』上野陽子連載「シネマ英語通信」Vol.191
№27 『ココ・シャネル 女を磨く言葉』(高野てるみ 2012年 PHP研究所)
№27 映画『ココ・シャネル』(クリスチャン・デュゲイ監督 2008年 ピックス配給)

№ 28　Web『Quote Oasis.com』Simone de Beauvoir quotes
№ 28　Web『Brainy Quote』／Web『KOTOVASKY』／Web『名言ナビ』
№ 29　『The Girls' Book of Wisdom』(Edited by Catherine Dee 1999年 2001年　Little, Brown Books for young Readers)
№ 30　『NHK　NEWS WEB』2012年11月1日 吉永小百合インタビュー
№ 30　『中日新聞』2012年11月5日朝刊　9ページ 吉永小百合関連記事
№ 30　『週刊朝日』 2012年5月18日号　吉永小百合インタビュー

4章　背中を押してほしいとき

№ 31　Web映像『Musicians@Google Presents』Google Goes Gaga
№ 32　Web『BrainyQuote』Mary Kay Ash quotes
№ 32　『いかにして自分の夢を実現するか』(ロバート・H・シュラー　稲盛和夫訳 1992年 三笠書房)
№ 33　映画『プラダを着た悪魔』(デビッド・フランケル監督 2006年 20世紀FOX配給)
№ 33　『週刊アスキー』 上野陽子連載「シネマ英語通信」Vol.58『プラダを着た悪魔』
№ 34　『裸でも生きる—25歳女性起業家の号泣戦記』(山口絵理子 2007年 講談社)
№ 35　Web『Thinkexist.com』Jessica Alba quotes
№ 36　『「人を動かす」英語の名言』(大内博　ジャネット・ノーダイク大内 2000年 講談社インターナショナル)
№ 36　『天才！成功する人々の法則』(マルコム・グラッドウェル　勝間和代訳 2009年 講談社)
№ 36　Web『Lifehack.org』2008年11月 the law of 10,000 hours
(『Guardian』掲載「Outliers: The Story of Success」 からの抜粋記事について)
№ 37　Web『CinemaCafe.net』　Babel 菊池凛子インタビュー
№ 37　映画『バベル』(アレハンドロ・ゴンサレス・イニャリトゥ監督 2006年 ギャガコミュニケーションズ配給)
№ 38　『Breaking Night』(Liz Murray　2011年 Arrow)
№ 38　テレビ番組『トリハダ㊙スクープ映像100科ジテン』(テレビ朝日 2012年1月10日 ホームレス少女がハーバード大学へ　奇跡の人生逆転劇)
№ 39　Web『Thinkexist.com』Beverly Sills quotes
№ 40　『日刊スポーツ』 2012年8月4日 ロンドン五輪 鈴木聡美インタビュー
№ 41　『世界の女性の名言事典』(PHP研究所編集 2004年 PHP研究所)　ジェーン・グドール
№ 42　『The Girls' Book of Wisdom』(Edited by Catherine Dee 1999年 2001年　Little, Brown Books for young Readers)

5章　友情・人間関係をなめらかに

№ 43　『ひるまない』(安藤優子 2010年 講談社)

- № 44 『東大で上野千鶴子にケンカを学ぶ』(遙洋子 2004年 ちくま文庫)
- № 45 『東京カレンダー』2009年10月号 松嶋菜々子インタビュー
- № 46 『心を揺さぶる！英語の名言』(松本祐香 2006年 PHP研究所)
- № 47 Web『CinemaCafe.net』 2011年11月 天海祐希インタビュー
- № 47 『an・an』(マガジンハウス)2008年5月21日号 天海祐希インタビュー
- № 48 Web『LADY GAGA｜THE BORN THIS WAY BALL』Lady Gaga official site
- № 49 『この世でいちばん大事な「カネ」の話』(西原理恵子 2011年 角川文庫)
- № 50 『InRed』(宝島社)2012年10月号 篠原涼子インタビュー
- № 51 Web『goodreads』Anne Frank quotes
- № 52 『世界のトップリーダー英語名言集』(デイビッド・セイン 佐藤淳子 2009年 ジェイ・リサーチ出版)
- № 52 『悪魔のマーケティング』(ASH〈Action on Smoke and Health〉著 切明義孝訳、津田敏秀訳 上野陽子訳 2005年 日経BP社)
- № 53 Web『BrainyQuote』Mae West quotes
- № 53 Web『Mae West』Mae West official site
- № 53 『The Girls' Book of Wisdom』(Edited by Catherine Dee 1999年 2001年 Little, Brown Books for young Readers)

6章 疲れちゃったときに

- № 54 『世界の女性の名言事典』(PHP研究所編集 2004年 PHP研究所)
- № 54 『ノーザンライツ』(星野道夫 2000年 新潮文庫)
- № 55 Web『goodreads』Helen Keller quotes
- № 55 Web『Helen Keller Kids Museum Online』
- № 56 『英語で読む世界の名言』(デイビッド・セイン 2011年 アスコム)
- № 56 『アルケミスト』(パウロ・コエーリョ 山川紘矢訳 山川亜希子訳 1997年 角川文庫)
- № 57 映画『ショコラ』(ラッセ・ハルストレム監督 2000年 アスミック・エース・松竹配給)
- № 57 『週刊アスキー』上野陽子連載「シネマ英語通信」Vol.7
- № 58 映画『セックス・アンド・ザ・シティ』(マイケル・パトリック・キング監督 2008年 ギャガ配給)
- № 58 『週刊アスキー』上野陽子連載「シネマ英語通信」Vol.156
- № 59 『The Girls' Book of Wisdom』(Edited by Catherine Dee 1999年 2001年 Little, Brown Books for young Readers)
- № 60 『人生を豊かにする英語の名言―「知恵」と「勇気」と「癒し」がいっぱい』(森山進 2003年 研究社)
- № 61 『大人の女の名セリフ』(Grazia編集部 2010年 講談社)大楠道代インタビュー
- № 62 『人生が変わる英語の名言』(晴山陽一 2007年 青春出版社)
- № 63 『心を揺さぶる！英語の名言』(松本祐香 2006年 PHP研究所)

- № 64 映画『風と共に去りぬ』(ヴィクター・フレミング監督 1939年 メトロ・ゴールドウィン・メイヤー配給)
- № 64 『名作映画 いいとこだけの英会話』(上野陽子 2011年 ダイヤモンド社)
- № 65 『The Girls' Book of Wisdom』(Edited by Catherine Dee 1999年 2001年 Little, Brown Books for young Readers)
- № 65 『音読したい英語名言300選』(英語名言研究会 田中安行監修 2002年 中経出版)
- № 66 映画『ティファニーで朝食を』(ブレイク・エドワーズ監督 1961年 パラマウント映画配給)
- № 66 『週刊アスキー』上野陽子連載「シネマ英語通信」Vol.107

7章　きれいとオシャレのコツ

- № 67 Web『The New York Times』Arichives, Helen Hayes, Flower of the Stage Dies at 92, March 18, 1993
- № 68 Web『Modern Retro Wordpower』Dr. Julie-Ann,2011年6月23日　Edith Head 関連記事
- № 68 Web『Thinkexist.com』Edith Head quotes
- № 69 Web『goodreads』Emma Watson quotes
- № 69 Web『Emma Watson』Emma Watson The Official Site
- № 70 Web『goodreads』Coco Chanel quotes
- № 70 『読む・聴く・使える　英語名言100』(ロバートレッド・ベア監修　2003年　全日出版)
- № 71 Web『The New York Times』－ The Rivals 2004年2月15日 books the-rivals　(Retrieved 2008－08－08.)
- № 72 『英文対訳　世界を動かした名言』(J.B.シンプソン　野末陳平訳　隈部まち子訳 1994年 講談社)
- № 72 『永遠のマレーネ・ディートリッヒ』(和久本みさ子 2003年 河出書房新社)
- № 73 Web『SEX and the CITY』オフィシャルサイト
- № 74 Web『Thinkexist.com』Audrey Hepburn quotes
- № 74 Web『Audrey Hepburn』Audrey Hepburn official site
- № 75 『英語の名言・名句』(ピーター・ミルワード　別宮貞徳訳 1998年 講談社)
- № 76 『心を揺さぶる！英語の名言』(松本祐香 2006年 PHP研究所)
- № 76 Web『Sophia Loren』Sophia Loren's official site
- № 77 『ハッピー・プチマクロ』(西邨マユミ 2012年 講談社＋α文庫)

8章　恋愛と結婚のスパイス

- № 78 『ニッポン・ビューティー　本物の女たちの美しい生き方』(Grazia編集部 2009年 講談社)瀬戸内寂聴インタビュー
- № 79 Web『a tribute EdithPiaf.com』

№ 79 『わが愛の讃歌―エディット・ピアフ自伝』(エディット・ピアフ 中井多津夫訳 1980年 晶文社)
№ 80 『英語名言集』(加島祥造 1993年 岩波ジュニア新書)
№ 81 『Estee Lauder JP(エスティ ローダー)| Facebook』
№ 81 『ビジネスに効く 英語の名言名句集』(森山進 2010年 研究社)
№ 82 Web『Tinkexist. com』Jennifer Aniston quotes
№ 82 Web『Tech insight』2012年4月7日 ジェニファー・アニストン関連記事
№ 83 『愛する言葉』(岡本太郎・敏子 2006年 イースト・プレス)P95
№ 84 『センセイの鞄』(川上弘美 2004年 文春文庫)P 224
№ 85 Web『Mail Online』Kate "will not obey" 2011年4月22日 英国王室結婚式関連記事
№ 86 『恋愛作法 愛についての448の断章』(宇野千代 1994年 集英社文庫)P66
№ 87 『Guardian.co.uk』2012年6月17日オノ・ヨーコインタビューby Sam Taylor-Wood
№ 88 『The Girls' Book of Wisdom』(Edited by Catherine Dee 1999年 2001年 Little, Brown Books for young Readers)

9章　人生を楽しむために

№ 89 『毎日新聞』 2012年11月25日　朝刊 22ページ 浅田真央インタビュー
№ 90 Web『m&c』Gwyneth talks Glee, depression and music on E! Special　2010年12月20日 By April MacIntyre
№ 91 Web『BrainyQuote』Natalie Portman quotes
№ 91 Web『NATALIEPORTMAN.COM』Natalie Portman official site
№ 92 チャコットWebマガジン『Dance Cube』菅井円加インタビュー
№ 93 『日刊スポーツ』2004年1月24日　樹木希林関連記事
№ 93 Web『アサ芸+』テリー伊藤 対談 内田裕也(2)
№ 94 『「人を動かす」英語の名言』(大内博 ジャネット・ノーダイク大内 2000年 講談社インターナショナル)
№ 95.96 『The Girls' Book of Wisdom』(Edited by Catherine Dee 1999年 2001年 Little, Brown Books for young Readers)
№ 95 「読売新聞」2009年11月26日 2010年1月20日(ニコライ・モロゾフ関連記事)
№ 97 Web『BrainyQuote』Marion Cotillard quotes
№ 97 Web『COTILLARD.NET』Marion Cotillard official site.
№ 98 『97才の幸福論。ひとりで楽しく暮らす、5つの秘訣』(笹本恒子 2012年 講談社)
№ 99 Web『Life Or Something Like It - Angelina Jolie Interview』
№ 100 『毎日新聞』1991年1月12日夕刊 森光子インタビュー

＊上記に加えて、多数の書籍・記事・サイトなどを参考にさせていただきました。外国の方の日本語インタビュー記事を参考にさせていただいたときには、私訳の英語を付けさせていただきました。URLの初回確認時は2012年4月‒12月になります。

数多くの名言を残してくださった方々、それら言葉を報道し世に送り出してくださった各媒体のみなさまに感謝し、敬意を表します。

Epilogue
おわりに

　たくさんの名言を探し、その人物や背景について資料を読むうちに、たったひとことに含まれた人生の重みを感じるようになりました。

　その人が過ごしてきた人生だからこその経験や人間関係など、ありとあらゆる出来事が、そのひとことを生みだしたんだとつくづく思います。

　今、人類は遺伝子からクローンをつくれるようになり、理屈の上ではまったく同じ遺伝子をもつ人間を生みだせる可能性があるそうです。でも、たとえばココ・シャネルのクローンをつくれば、今の時代にあのシャネルが生まれるのかといえば、そうではありませんよね。

　戦争があり、まわりには詩人ジャン・コクトーや音楽家イーゴリ・ストラヴィンスキーがいて……時代も環境も、それからまわりにいる人間との関係も含めてシャネルという人が完成したのです。だから、あのシャネルはただひとり。

　彼女から生みだされる言葉も、彼女の経験の中からしか、生みだされません。

そして、その言葉を受けとる私たちの背景もそれぞれですよね。

言葉を受けとった人の背景によって意味が変わり、また新しい言葉として歩きだしていくものではないでしょうか。だから、彼女の人生から生まれた言葉でもありつつ、読んだ私たちの中で感じられるままに変化して、新しい形で生きていく——。

言葉は、そんなふうであっていいのだと思います。

本書を執筆するにあたり、講談社学芸図書出版部の依田則子さんには、さまざまな助言をいただき「自分自身も読んで励みになる」と鼓舞していただきました。原稿を書くうえで私の背中を押してくれる名言だったかもしれません。また、学芸図書出版部の柿島一暢部長や、ご協力いただいた桑原麻由美さんほか、助言をくださったみなさまに大変お世話になりました。

そして、何より大切な名言を掲載させていただいた方々に、深く感謝しております。

多くの方からの助言を参考に本書でご紹介した言葉は、すべて私自身も心に書きとめておきたいものばかりでした。

その締めくくりとして、仕事に関しても、また、まだ手のかかる娘のせいにして「ま、いっか」となりがちな、外見のお手入れについても、ヘレン・ヘイズのこの言葉を、自分自身に言い聞かせておこうかと思います。

「サボれば、サビる」(If you rest, you rust.)

　みなさんの生活では、どんなふうにこの言葉が生かされるのか……すべての名言は、読者のみなさんの人生に当てはめてこそ、新たな息吹をえられるのではないでしょうか。
　どうぞ、好きなページから開いて、好きな言葉に出会ってください！
　そして、人生の原動力や元気の源となるような言葉を感じとり、出会えてよかったと思えるようなひとことを見つけていただければと思います。

2013年3月　上野陽子

上野陽子　うえのようこ

著述家・翻訳家／コミュニケーション・アナリスト。
カナダ、オーストラリアに留学後、
ボストン大学コミュニケーション学部修士課程でジャーナリズム専攻、
東北大学博士前期課程人間社会情報科学専攻修了。
通信社、出版社をへて、コラム連載や媒体プロデュース、
スヌーピーでお馴染み『ピーナッツ』(C.M.シュルツ作)の連載翻訳などを幅広く手がける。
仕事と趣味で世界約50ヵ国を訪れ、いろんな人との出会いが好きな1児の母。
著書に『スティーブ・ジョブズに学ぶ英語プレゼン』(日経ＢＰ社)、
人気シリーズ『気持ちが伝わる英会話のルールとマナー』(日本実業出版社)、
『名作映画いいとこだけの英会話』(ダイヤモンド社)、
iアプリに『とっさに頼れる！オフィスのスマート英語』(実業之日本社)ほか多数。
twitter:little_ricola　ブログ「恋する英語」http://koisurueigo.com

コトバのギフト　輝く女性の１００名言

2013年4月8日　第1刷発行
2014年9月18日　第6刷発行

著者　上野陽子

デザイン　寄藤文平＋鈴木千佳子(文平銀座)／長坂勇司

編集協力　桑田麻由美　　英文校正　Carol Jean Sasaki

企画編集　依田則子

発行者　鈴木　哲

発行所　株式会社　講談社
　　　　〒112-8001 東京都文京区音羽二丁目12-21
　　　　電話　出版部 03-5395-3522
　　　　　　　販売部 03-5395-3622　業務部 03-5395-3615

印刷所　慶昌堂印刷株式会社　　製本所　株式会社国宝社

© Yoko Ueno 2013, Printed in Japan 定価はカバーに表示してあります。落丁本・乱丁本は購入書店名を明記のうえ、小社業務局あてにお送りください。送料小社負担にてお取り替えいたします。なお、この本についてのお問い合わせは、学芸局学芸図書出版部あてにお願いいたします。本書のコピー、スキャン、デジタル化等の無断複製は著作権法上での例外を除き禁じられています。本書を代行業者等の第三者に依頼してスキャンやデジタル化することは、たとえ個人や家庭内の利用でも著作権法違反です。〈日本複製権センター委託出版物〉複写を希望される場合は、日本複製権センター(電話 03-3401-2382)の許諾を得てください。
ISBN978-4-06-218184-6 N.D.C.780 239p 18cm